Mathieu SAPIN

COMÉDIE FRANÇAISE

Voyages dans l'antichambre du Pouvoir

couleur : Clémence SAPIN

Dargaud

Prologue

Mercredi 3 mai 2017.
Quelques jours avant la présidentielle, j'ai obtenu l'autorisation de suivre le débat de l'entre-deux-tours depuis les coulisses (côté MACRON).
Ça se passe de l'autre côté du périphérique, dans les studios de la PLAINE SAINT-DENIS.
!!
TAXI
C'est la première fois que je passe aussi près du camp de migrants de la PORTE de la CHAPELLE (également appelé "COLLINE DU CRACK")

Tout le quartier est bloqué par la police et pour passer il faut montrer patte blanche.
le taxi n'a pas pu s'approcher plus près que le bout de la rue
C'EST LÀ QUE TOUT SE JOUE.
MAIS COMMENT JE FAIS POUR RENTRER CHEZ MOI, MOI ?
POLICE
carte d'identité

19h40. Marine LE PEN arrive avec son équipe dans le hall du studio.
... MONSIEUR MACRON ET MOI-MÊME AVONS DEUX VISIONS RADICALEMENT DIFFÉRENTES : SOIT LA CONTINUITÉ DE LA POLITIQUE DE HOLLANDE POUR LUI, SOIT LE CHANGEMENT, QUE J'INCARNE...
Delphine ERNOTTE
IL ARRIVE QUAND MACRON ?
19h55.
PFFF, IL EST TOUJOURS EN RETARD.
journalistes des médias partenaires
Tout est organisé de manière à ce que les candidats ne se croisent pas.
PAR ICI, S'IL VOUS PLAÎT.
loges LE PEN
VOUS, VOUS ALLEZ DANS LES LOGES DE MONSIEUR MACRON.
loges MACRON
AH OK.
vers le Temple du Mal
Les loges ressemblent à un grand appartement sans fenêtres. Plusieurs proches du candidat sont déjà là.
direct
à la télé on voit le candidat qui arrive en direct
Quelques minutes plus tard, Emmanuel MACRON déboule dans les loges avec son équipe.
BONJOUR ! BONJOUR ! ÇA VA ?
TU VAS BIEN ?
Jean-Marc DUMONTET producteur de spectacles
L'écrivain Philippe BESSON
Benjamin GRIVEAUX
Sylvain FORT
Richard FERRAND
Julien DENORMANDIE
Sibeth N'DIAYE
air ultra-détendu
C'EST LE MOMENT OÙ LE SAMOURAÏ SE REPOSE AVANT LE COMBAT.
HA HA HA !
en mode reportage
Puis :
TIENS, VOUS ÊTES LÀ, VOUS ?
EUH... OUI.
première fois que je vois ce type. on ne s'est jamais croisés auparavant.
JE SUIS EN TRAIN DE LIRE VOTRE BD.
AH... AH BON ?
DE QUOI IL PARLE ?
cravate celio®

Emmanuel MACRON passe en vitesse dans sa loge pour se faire maquiller. Le reste de l'équipe se répartit dans les autres loges.
TU AS MANGÉ ?
OUI OUI.
DES PÂTES. COMME LES SPORTIFS. MOI, JE SUIS À L'ANCIENNE.
HA HA !
DES PÂTES COMME LES SPORTIFS... JE NOTE.
Brigitte MACRON
Julien DENORMANDIE
À peine le temps de se poser et il est déjà l'heure de descendre sur le plateau (au rez-de-chaussée).
C'EST PAR LÀ ?
OUI. ON VA PRENDRE LES ESCALIERS.
HÉ ! ATTENDEZ-MOI !!
19h55. Sur le plateau Emmanuel MACRON écoute attentivement les consignes et pose quelques questions.
Comme un bon élève.
...TOUT EST PRÊT DEPUIS UNE HEURE... C'EST DONC, D'UNE CERTAINE MANIÈRE, LA CONCENTRATION...
le réalisateur de l'émission
il lui montre où sont les caméras etc.
M. LE PEN 00 : 00
E. MACRON 00 : 00
2017 LE DÉBAT
Christophe CASTANER, porte-parole du candidat
Sylvain FORT, conseiller en communication
Il fait des blagues.
ATTENTION AUX RAILS !
OUI OUI.
garde du corps
JE SUIS LÀ POUR VOUS PROTÉGER, HA HA !!
19h59. Le débat va commencer.
Les "accompagnants" doivent regagner les loges.
HA HA !
APRÈS TOUT CE TEMPS JE NE SAIS TOUJOURS PAS ARRANGER MA CRAVATE.
Il fait le clown
Sibeth NDIAYE responsable presse

Le débat commence.
Dans les loges la concentration se transforme peu à peu en excitation...
...À PROPOS DES DEUX JOURNALISTES, BORLOO DIT QU'IL Y A " LES DEUX DU MUPPET SHOW QUI REGARDENT PASSER LES BALLES "...
Brigitte MACRON
HA HA !
Christophe CASTANER
VOUS DITES N'IMPORTE QUOI MADAME LE PEN...
...quand ce n'est pas de l'euphorie.
...VOUS CONFONDEZ ALSTOM ET SFR. L'UN FAIT DES TÉLÉPHONES, L'AUTRE FAIT DES TURBINES...
Philippe BESSON
HA HA HA !
Gérard COLLOMB
HiHiHi
François BAYROU apparaît.
HEY BRIGITTE ...
(il est installé avec Marielle DE SARNEZ dans la loge voisine)
ELLE EST PAS BONNE.
ELLE EST TRÈS MAUVAISE.
Au bout du couloir, dans la loge principale, l'ambiance est la même...
MONSIEUR MACRON, NE JOUEZ PAS AVEC MOI...
MAIS, JE NE JOUE PAS, MALHEUREUSEMENT, C'EST TRISTE...
ELLE ESSAYE DE TIRER LE DÉBAT VERS LE BAS...
VAS-Y PLIE-LA ! PLIE-LA !!
Yann L'HÉNORET réalise un film documentaire embedded
ELLE EST JUSTE PAS AU NIVEAU...
JE VOIS QUE VOUS CHERCHEZ À JOUER AVEC MOI À L'ÉLÈVE ET AU PROFESSEUR MAIS, EN CE QUI ME CONCERNE, CE N'EST PAS PARTICULIÈREMENT MON TRUC, JE VOUS LE DIS...
FAUT PAS QU'IL SOIT ARROGANT.
OH, IL EST BON.
ELLE EST CARRÉMENT PAS À LA HAUTEUR
Richard FERRAND, Secrétaire général d'EN MARCHE
Ismaël ÉMELIEN conseiller spécial
photo moche de MARILYN qui lèche un escarpin
"OH LALA... les commissures de ses lèvres sont vachement blanches !..."
"Ah bon ? Je vois pas."
la maquilleuse du candidat reçoit des textos
conseillers chevelus en costumes
23h. Le débat vient de se terminer. L'équipe d'Emmanuel MACRON file accueillir son candidat à la sortie du plateau.
MONSIEUR MACRON !
MONSIEUR MACRON !
la cohue est énorme et MACRON est obligé de filer par les escaliers de secours pour échapper à la foule
Je me réfugie dans l'ascenseur où je retrouve Christophe JAKUBYSZYN, l'un des deux journalistes qui étaient en plateau.
ÇA VA ?
C'ÉTAIT... UN DÉBAT ASSEZ VIOLENT.
JE TROUVE.
il est tout blanc. On dirait qu'il a vu la mort
Lorsque j'arrive à la loge du candidat tout le monde est déjà à l'intérieur pour le congratuler.
loge M. MACRON
FRANCHEMENT C'ÉTAIT GÉNIAL !
Alexandre BENALLA est probablement là-dedans mais, à cette période, c'est encore un inconnu

Julien DENORMANDIE (futur ministre de la Ville et du Logement)
Benjamin GRIVEAUX (futur secrétaire d'État auprès du ministre de l'Économie et des Finances)
Gérard COLLOMB (futur ministre de l'Intérieur)
À l'intérieur...
FRANCHEMENT C'ÉTAIT GÉNIAL !
AH OUI ?
AH OUI, MAIS TU PEUX PAS IMAGINER !
J'AI PAS DIT DE CONNERIES ?
François BAYROU (futur garde des Sceaux)
VOUS ÉTIEZ EXTRÊMEMENT BIEN PLACÉ SUR LE PLATEAU.
OUI. J'AI TROUVÉ LE PLATEAU TRÈS AGRÉABLE... TRÈS CONVIVIAL.
C'ÉTAIT TRÈS BIEN.
C'ÉTAIT MIEUX QUE TRÈS BIEN.
Marielle de SARNEZ (future présidente de la commission des Affaires étrangères de l'Assemblée nationale)
Discrètement je me mets dans un coin pour observer.
MOI JE SUIS PERSUADÉ QU'APRÈS UN DÉBAT COMME CELUI-CI, ON VA AVOIR DU 70 % / 30 % À L'ÉLECTION !
AH OUI ?
AH OUI !
Soudain.
!
ET ALORS VOUS FAITES QUOI EXACTEMENT, VOUS ? VOUS DESSINEZ ?
EUH...
OUI, ENFIN, J'OBSERVE.
HA HA !
NAN PARCE QUE VOUS SAVEZ QUE LUI, IL A FAIT UNE BD SUR DEPARDIEU QUI EST GÉNIALE !?
IL EST EN TRAIN DE VOUS DESSINER, VOUS ALLEZ TOUS VOUS RETROUVER DANS UNE BD ! *
HIN HIN
HA HA
HU HU.
HA HA.
HUM !
range discrètos son carnet
DEPARDIEU JE SUIS FAN. JE L'ADORE ! J'ADORERAIS LE RENCONTRER.
ENFIN, LUI NE DOIT PAS M'ADORER AVEC TOUT CE QUE J'AI DIT À PROPOS DE POUTINE.
VOUS AVEZ DE SES NOUVELLES ?
BEN EUH...
* En effet ! c'est ce qu'on appelle un discours performatif (ou, tout du moins, prémonitoire).

Passé le moment de surprise, Gérard COLLOMB tente de reprendre la main.
GÉRARD DEPARDIEU, JE L'AVAIS REÇU, MOI À LYON...
AH OUI ?
OUI, C'ÉTAIT QUAND JE...
BON, EMMANUEL, IL FAUT Y ALLER MAINTENANT.
Mais Brigitte MACRON veille...
BON ! JE DOIS ALLER ME REPOSER. DÉSOLÉ CE N'EST MOI QUI DÉCIDE.
IL A UNE GROSSE JOURNÉE DEMAIN.
Et là, il fait ce truc chelou...
ALLEZ AU REVOIR !
ET À BIENTÔT, HEIN ?
CLIC
clin d'œil
Avant de disparaître.
IL M'A FAIT UN CLIN D'OEIL...
ALLEZ, SALUT TOUT LE MONDE.
À DEMAIN.
OUI À DEMAIN.
C'EST PAS UN PEU ABUSÉ ?
En rentrant chez moi j'ai l'impression que ce type aurait pu me refiler un emprunt sur 50 ans pour acheter une JAGUAR toutes options sans problème. J'aurais signé.
IL EST QUAND MÊME VACHEMENT SYMPA CE MACRON...
Saint-Denis
pour le trajet de retour je prends le métro
En même temps, je ne vois pas trop ce que je ferais d'une jaguar.

1

FIN DE RÈGNE

ET VOILÀ !
J'AI REPLONGÉ.
APRÈS 9 MOIS PASSÉS À SUIVRE LA CAMPAGNE DE 2012 ET DEUX ANNÉES OCCUPÉES À OBSERVER LES COULISSES DE L'ÉLYSÉE JE M'ÉTAIS JURÉ D'ARRÊTER LA POLITIQUE...
COMME SARKO.
MAIS, QUAND ON A OBSERVÉ LE POUVOIR DE PRÈS, ON NE LUI TOURNE PAS LE DOS SI FACILEMENT...
J'AI DONC DÉCIDÉ DE REDESCENDRE DANS L'ARÈNE...
VOILÀ COMMENT TOUT ÇA A COMMENCÉ...
Quelques jours plus tôt, à une terrasse parisienne.
SALUT GASPARD, COMMENT VAS-TU ?
hm hm h
LE JOURNAL LIBÉRATION ME PROPOSE DE FAIRE QUELQUES PAGES DE BD SUR LES ÉLECTIONS...
LE FIGARO
François Fillon : « Je serai au second tour »
ambiance "j'me la pète"
JE ME DISAIS QUE JE POURRAIS REVENIR À L'ÉLYSÉE POUR RACONTER LES DERNIÈRES SEMAINES DU MANDAT DE FRANÇOIS HOLLANDE...
hm hm
QU'EST-CE QUE TU EN DIS ?
au téléphone, Gaspard GANTZER, le conseiller en communication de François HOLLANDE

Mardi 18 avril 2017 - 9h50. Héliport de PARIS, ISSY-LES-MOULINEAUX.

Le temps passe. La fumée continue de s'échapper de l'engin et, manifestement, je suis le seul à le remarquer.
IL FAUDRAIT PEUT-ÊTRE QUE JE DISE QUELQUE CHOSE...
l'appareil est prêt à décoller
5 minutes plus tard, le président et toute son équipe sortent du Super Puma et me rejoignent dans l'autre hélicoptère...
MATHIEU, TU AS BIEN CHOISI TON DÉPLACEMENT, HA HA !
NON, MAIS C'EST DEPUIS QU'IL SUIT DEPARDIEU : IL A PRIS TOUTES LES MESURES POUR FAIRE DU SABOTAGE.
PENDANT UN MOMENT JE ME SUIS DEMANDÉ SI JE N'ALLAIS PAS ASSISTER À UN CRASH PRÉSIDENTIEL...
HA HA !
ELLE ÉTAIT OÙ LA FUMÉE ?
BEN, LÀ, AU-DESSUS DES PALES !
HOLLANDE ne semble pas plus perturbé que ça par l'incident.
HA HA ! VOUS VOYEZ, ON NE S'ENNUIE PAS AVEC NOUS !
VRRRRRRRRR
HA HA, EN EFFET.
HUM !
Pendant le vol il relit ses notes en vue du déplacement. Ensuite, il épluche la presse.
ÇA TANGUE CE TRUC !!! ET MOI QUI SUIS PARTI LE VENTRE VIDE...
casque anti-bruit
Le Parisien
Il consulte son portable.
IMPOSSIBLE DE LIRE PAR-DESSUS SON ÉPAULE.
IL A UNE ESPÈCE DE FILTRE NOIR ANTI-ESPIONNAGE SUR SON ÉCRAN.
À peine arrivé, il enchaîne la visite du chantier d'une nouvelle route, un site ferroviaire en pleine reconversion et une usine de maintenance d'engins ferroviaires.
...IL FAUT DONC SALUER LES INITIATIVES QUI ONT ÉTÉ PRISES...
IL Y A UN AVENIR POUR L'INDUSTRIE FRANÇAISE...
À TOUS LES COUPS ON VA PARTIR AVANT DE POUVOIR TOUCHER AUX PETITS FOURS...

13h42. Pour le retour on rentre avec le FALCON présidentiel (qui est venu exprès jusqu'au CREUSOT pour nous récupérer).
REPUBLIQ
la mallette avec le bouton nucléaire ?
SI JE NE BOUFFE PAS QUELQUE CHOSE RAPIDEMENT JE SENS QUE JE VAIS ME TROUVER MAL...
Comme je sais que le trajet jusqu'à l'aéroport de VILLACOUBLAY va être rapide (40 minutes environ), j'attaque direct le sujet de la campagne présidentielle (le premier tour est dans 5 jours).
ÇA FAIT DEUX OU TROIS MOIS QUE JE ME DÉPLACE POUR LUTTER CONTRE LE RISQUE DE LA MONTÉE DES EXTRÊMES.
ON VERRA BIEN CE QUE ÇA VA DONNER DIMANCHE, MAIS MARINE LE PEN N'EST PAS AUSSI DYNAMIQUE...
RÉPUBLIQUE FRANÇAISE
C'EST PLUS CONFORTABLE MAIS ÇA SECOUE QUAND MÊME DRÔLEMENT CET ENGIN.
FAUT ÊTRE PRUDENT, HEIN ?
MAIS ON VOIT BIEN QU'ELLE N'EST PAS AUTANT DOMINATRICE QUE DANS LES PRÉCÉDENTS SCRUTINS.
C'EST DRÔLE, JE NE ME SENS PAS TELLEMENT BIEN...
EN TOUT CAS J'AI LANCÉ TOUTES LES ALERTES. MAIS PAS SEULEMENT MORALES...
Christophe SIRUGUE secrétaire d'État auprès du ministre de l'Économie
je prends des notes et je bouffe en même temps
les toilettes
groupe de sécurité du président
nappe blanche
PAS SÛR QUE CE SOIT UNE BONNE IDÉE DE ME GAVER DE FOIE GRAS ET DE SAUMON DANS LES CIRCONSTANCES ACTUELLES...
DIMANCHE IL VA FAIRE TRÈS BEAU.
OUI, C'EST UNE TRÈS MAUVAISE NOUVELLE.
IL AVAIT FAIT TRÈS BEAU LE 21 AVRIL 2002... JE ME SOUVIENS, DANS LES BUREAUX DE VOTE, IL Y AVAIT UNE FORME D'INSOUCIANCE...
À l'approche de PARIS de fortes turbulences commencent à secouer l'appareil...
ÇA Y EST CETTE FOIS ON VA SE CRASHER.
NON, NON. IL RESTE DEUX SEMAINES.
il ne met pas sa ceinture
C'EST À LA TOUTE FIN QUE DIEU, QUAND IL AURA ESTIMÉ QUE J'AI TERMINÉ MA MISSION SUR TERRE, M'APPELLERA AU PARADIS...
SANS FRONDEURS.
HA HA !
HUM !

Malgré les secousses j'essaye de rester focus sur la discussion.
DIMANCHE, POUR LE PREMIER TOUR, VOUS ALLEZ DIRE POUR QUI VOUS COMPTEZ VOTER ?
NON.
ET POUR LE SECOND TOUR ?
POUR LE SECOND TOUR, OUI, JE ME PRONONCERAI...
ET SI C'EST FILLON FACE À LE PEN JE DIRAI QU'IL FAUT VOTER CONTRE LE PEN.
MAIS JE PENSE DE TOUTE FAÇON QUE LES LÉGISLATIVES VONT CORRIGER LE TIR.
VRRRR
PURÉE JE ME SENS PAS BIEN.
HOLLANDE continue comme si de rien n'était.
ON EST EN CAMPAGNE JUSQU'AU MOIS DE JUIN.
OUI, OUI.
IL FAUT QUE JE ME CONCENTRE SUR AUTRE CHOSE. N'IMPORTE QUOI...
ET APRÈS LES ÉLECTIONS, VOUS AVEZ L'INTENTION DE SUIVRE QUELQU'UN D'AUTRE COMME ÇA POUR FAIRE UNE BANDE DESSINÉE ?
NON. JE NE CROIS PAS.
super fayot
ARG !
VOUS SAVEZ, APRÈS VOUS ET DEPARDIEU, C'EST DIFFICILE DE TROUVER UN SUJET PLUS INTÉRESSANT...
HAHA ! C'EST VRAI QU'APRÈS DEPARDIEU IL FAUT SE LEVER TÔT...
AH OUI ?
ELLE MARCHE BIEN VOTRE BD SUR DEPARDIEU ?
légèrement piqué
OUI JE...
ÇA VA MATHIEU ? VOUS ÊTES TOUT PÂLE.
JE...
JE... NON, ÇA NE VA PAS TROP... JE CROIS QUE...
VRRRR
Soudain.
PARDON !
OÙ SONT LES TOILETTES !?
?
POUSSEZ-VOUS !!
BLOUAAARG
VRRRRRR

Vomir dans le FALCON présidentiel, avouez que c'est quand même la classe !
MAIS JE NE VAIS PAS M'ARRÊTER EN SI BON CHEMIN !
ET SI J'ALLAIS VOIR LES DIFFÉRENTS CANDIDATS À L'ÉLECTION...
le tournant de la campagne.
PAR QUI JE COMMENCE ?
J'enchaîne avec une conférence de presse de Marine LE PEN sur le TERRORISME.
... CES HOMMES ET CES FEMMES SONT BEL ET BIEN DES CRIMINELS !
ON DIRAIT QU'ELLE ME REGARDE.
IL NE S'AGIT PAS DE LES DÉRADICALISER (COMME L'EXPLIQUENT QUELQUES NAÏFS OU QUELQUES ESCROCS) EN LEUR FAISANT CARESSER DES HAMSTERS OU EN LEUR RÉCITANT DES EXTRAITS DE LA DÉCLARATION DES DROITS DE L'HOMME !
ILS SONT ENRACINÉS ! ILS SONT DANGEREUX !
elle a un peu forcé sur le maquillage
La France face au TERRORISME
Puis un meeting de Jean-Luc MÉLENCHON au HAVRE...
... C'EST UN MOUVEMENT QUI VIENT DES PROFONDEURS DE NOTRE PEUPLE...
... ET J'AI L'HONNEUR D'EN ÊTRE LE PORTE-PAROLE.
APRÈS D'AUTRES ET AVANT D'AUTRES.
5000 personnes
CAR C'EST DANS UNE LONGUE CHAÎNE DU TEMPS QUE S'INSCRIT NOTRE INÉPUISABLE RÉSISTANCE.
UNE SCÈNE CENTRALE, COMME DANS LES CONCERTS DE BEYONCÉ.
RÉSISTANCE !! RÉSISTANCE !!!
La fièvre monte et le soir du 1er tour, Emmanuel MACRON et Marine LE PEN sont tous les deux qualifiés pour le 2nd tour.
MAMMA MIA...
MACRON 23,7%
LE PEN 21,7%
Quelques jours plus tard, au palais de l'Élysée.
I AM VERY HONORED !
Pendant que le sort du pays est en train de se jouer, François HOLLANDE reçoit Arnold SCHWARZENEGGER pour lui remettre la Légion d'honneur en tant que fondateur de l'ONG R20, une organisation écologique que le comédien a créée pour lutter contre le changement climatique.
... BECAUSE IT'S THE BIGGEST HONOR THAT ANYONE CAN RECEIVED HERE IN FRANCE.
AND I JUST WANT TO SAY "THANK YOU !"
C'EST UNE OCCASION UNIQUE DE DESSINER TERMINATOR EN VRAI.
I THINK WITHOUT YOU COP 21 NEVER HAPPENED
BUT I SAW IN YOUR EYES YOUR DETERMINATION...
AND YOUR PASSION... AND YOUR CONVICTION AND YOUR LOVE...
énorme bague à tête de mort

Après la séance de selfies d'usage, François HOLLANDE raccompagne Arnold à sa voiture (un énorme RANGE ROVER). Le palais redevient désert.
BON.
RRRR
RRRR
J'AI SERRÉ LA MAIN DE SCHWARZENEGGER...
Le président pour encore une dizaine de jours ne semble pas très pressé de retourner dans son bureau.
ÇA VA ÊTRE UN LONG WEEK-END...
BON IL FAUT UTILISER TOUS LES MOYENS
AH OUI OUI.
C'EST SUR SON PROGRAMME QU'IL FAUT ATTAQUER MARINE LE PEN. LE MONDE QU'ELLE PRÉPARE.
photographe qui couvre la campagne en indépendante
Le second tour de l'élection est dans tous les esprits.
IL FAUT SURTOUT QUE MACRON SE RESSAISISSE.
C'EST MARRANT LES ERREURS DE COM' QU'IL A COMMISES. LE CÔTÉ TRIOMPHALISTE LE SOIR DU 1er TOUR, LE DÎNER À LA ROTONDE APRÈS. Y A PERSONNE POUR LUI DIRE ?
OUI...
?
moi qui me la joue grand analyste politique
Malgré les pronostics en défaveur de Marine LE PEN la fébrilité est palpable.
JE PENSE QU'IL PREND SES DÉCISIONS TOUT SEUL.
OUI. IL FAUT SURTOUT QU'IL SOIT GRAVE.
MOI JE PENSE QU'IL FAUT FAIRE HUMBLE.
un conseiller
LE FAIT DE LEVER LES BRAS COMME ÇA...
NON MAIS LÀ IL EST BIEN DEPUIS LUNDI... ON SENT QUE QUELQU'UN LUI A DIT DE NE PLUS LEVER LES BRAS...
OUI SUR TF1 IL ÉTAIT BIEN.
MAIS AU PETIT JOURNAL J'AI TROUVÉ QU'IL ÉTAIT DRÔLEMENT SUR LA DÉFENSIVE...
OUI.
BON, APRÈS JE DIS ÇA, C'EST FACILE DE COMPARER.
OUI, OUI.
EST-CE QU'ON AURAIT FAIT MIEUX ?
ET PUIS IL N'A QUE 40 ANS.
OUI.
ET LA PRESSE VEUT DU SANG.
NON...
conseillers
NON, LA PRESSE ELLE EST PLUTÔT INTELLIGENTE, JE TROUVE... ELLE TAPE PAS TROP.
OUI PAS TROP TAPER...
ELLE EST CONSCIENTE QUAND MÊME DU RISQUE...
ELLE A TAPÉ LUNDI MAIS, APRÈS, ELLE S'EST RENDU COMPTE QUE ÇA POUVAIT AVOIR DES CONSÉQUENCES.

Pas super convaincu (et un peu curieux quand même), je finis par me rendre à l'un des derniers gros meetings d'Emmanuel MACRON.
au PARIS EVENT CENTER, porte de la Villette le 1er mai 2017
ON VA BIEN VOIR CE QU'IL A DANS LE VENTRE CE GUGUSSE.
Sur place je retrouve François-Xavier BOURMAUD, un journaliste qui connait bien le sujet.
TU DIRAIS QU'IL A QUAND MÊME DE BONNES CHANCES DE LA BATTRE ?
BEN...
IL VA D'IMPROBABLE EN IMPROBABLE. À CHAQUE FOIS ON SE DIT "LE MUR EST QUAND MÊME HAUT" ET PAF ! IL SAUTE L'OBSTACLE.
Ensemble la France !
PRESSE
il suit Emmanuel MACRON depuis qu'il est ministre de l'Économie
il a même écrit un livre sur lui
Emmanuel MACRON
LE BANQUIER QUI VOULAIT ÊTRE ROI
L'Archipel
L'ambiance est assez chaude (mais pas brûlante non plus).
SAPÉS COMME JAMAIS
C'EST PLUS POP QUE HOLLANDE. T'AS L'IMPRESSION D'ÊTRE DANS UNE BOÎTE D'ÉTÉ.
OUAIS.
IL PARAÎT QUE SÉGOLÈNE EST LÀ.
AH BON ?
Rachid TAHA
Emmanuel MACRON finit par arriver et commence son discours face à un public acquis et motivé (à défaut d'être expérimenté).
NOUS SOMMES LA RÉPUBLIQUE ! VOUS ÊTES LA RÉPUBLIQUE !
OUÉÉÉ !
CLAP CLAP CLAP CLAP !
ILS SONT PAS TELLEMENT HABITUÉS AUX MEETINGS.
ILS SAVENT PAS TROP QUAND IL FAUT APPLAUDIR...
AH OK.
Mounir MAHJOUBI
Aurore BERGÉ
Tout le gratin de la presse parisienne est là.
Quelques futurs députés d'EN MARCHE viennent leur parler.
En évoquant son adversaire du 2nd tour, le candidat commence à prendre de l'assurance.
...MADAME LE PEN A DIT CE MIDI, AVEC LA GROSSIÈRETÉ QUI LA CARACTÉRISE, ELLE A DIT : C'EST "EN MARCHE"... OU CRÈVE !
HOUUU
HOUUU !
Ensemble la République !
Les militants d'EN MARCHE se réveillent.
ELLE A RAISON...
"EN MARCHE", C'EST NOUS !!!
YOUHOU
ET "CRÈVE" DU COUP, C'EST LES AUTRES...
AH OUAIS BIEN VU...
OUÉÉÉ !
JE NE SAIS PAS CE QUE TU EN PENSES MAIS JE LE TROUVE EXTRÊMEMENT TENDU.
T'AS L'IMPRESSION QU'IL VA S'ÉVANOUIR.
AH BON ?!

NE VOUS Y TROMPEZ PAS, C'EST UN ALLER SANS RETOUR !!!
LE FRONT NATIONAL C'EST LE PARTI DE L'ANTI-FRANCE !
EN MÊME TEMPS C'EST NORMAL...
... À LA FIN, T'EN PEUX PLUS TELLEMENT T'ES STRESSÉ.
BEN OUI, J'IMAGINE...
OUÉÉÉ !!!
MAIS JE LE TROUVE PAS BIEN...
COMME S'IL ÉTAIT CONTRARIÉ PAR QUELQUE CHOSE...
AH OUI ?
CONTRARIÉ PAR QUOI ? QUELQUE CHOSE QU'IL AURAIT APPRIS ?
Le discours se termine. Emmanuel MACRON salue la foule et entonne avec elle "La Marseillaise".
ALLONS ENFANTS DE LA PATRIEEE, LE JOUR DE GLOIRE
GENRE UN SONDAGE SECRET HYPER-FAVORABLE À LE PEN ?...
ne riez pas, à l'époque, tout le monde était stressé avec ça
Prochaine étape : le débat de l'entre-deux-tours. De l'avis de tous les gens que je croise c'est là que tout va se jouer...
TU CROIS QU'IL Y A MOYEN D'Y ASSISTER AU DÉBAT ?...
LAISSE TOMBER C'EST TOTALEMENT FERMÉ À LA PRESSE.
QUELQU'UN A VU SÉGOLÈNE ROYAL FINALEMENT ?
SAUF SI TU CONNAIS QUELQU'UN D'IMPORTANT CHEZ TF1 OU FRANCE TV...
Ça tombe bien, un grand présentateur de TF1 m'a contacté récemment en espérant que je l'aiderais à obtenir une interview de Gérard DEPARDIEU...
NI UNE NI DEUX, JE FAIS UN PETIT TEXTO.
TIP TIP
Mon plan foire joyeusement mais, contre toute attente, le directeur de la communication d'Emmanuel MACRON, lui, me répond.
Et trois jours plus tard, me voilà dans un taxi direction les studios de la PLAINE ST-DENIS.
J'AI LE BRAS LONG FINALEMENT.

Le lendemain du débat de l'entre-deux-tours je déjeune avec Noé, un ami scénariste.
... ET LÀ, MACRON SE TOURNE VERS MOI ET IL ME DIT : "À TRÈS BIENTÔT, HEIN !" ET PAF IL ME FAIT UN CLIN D'ŒIL !
HA HA !
C'EST UN PEU ABUSÉ QUAND MÊME.
CLOCHETTE
BASSE DU FRONT
Noé a écrit de nombreux scénarios de cinéma ; c'est une vraie pointure.
ET, DU COUP, TU VAS FAIRE UNE BD SUR LUI ?
NON, NON, MERCI BIEN.
J'EN AI UN PEU MARRE DU RÉEL. LA FICTION C'EST PLUS COOL, TU PEUX FAIRE CE QUE TU VEUX...
MMM.
ET PUIS, SI LE FILM DÉMARRE, J'AURAI PAS TROP LE TEMPS DE TOUTE FAÇON...
Depuis quelque temps, je travaille avec lui sur un projet de film (une comédie politique).
NAN, JE VAIS PLUTÔT TERMINER MES PAGES SUR LA CAMPAGNE 2017 POUR LIBÉRATION ET ZOU ! JE PASSE À AUTRE CHOSE.
OK.
Ça va s'appeler "LE POULAIN".
SINON, EN CE MOMENT, JE M'INTÉRESSE AUSSI PAS MAL À JEAN RACINE.
?

L'AUTRE JOUR JE SUIS ALLÉ VOIR BRITANNICUS À LA COMÉDIE FRANÇAISE...
ET, EN ME RENSEIGNANT SUR LA PIÈCE J'EN AI APPRIS DE BELLES SUR RACINE !
DU GENRE ?
APRÈS AVOIR BIEN CARTONNÉ AVEC SES TRAGÉDIES, IL DÉCIDE À 36 ANS QUE C'EST TERMINÉ ; IL ABANDONNE LE THÉÂTRE ET IL DEVIENT HISTORIOGRAPHE DE LOUIS XIV !
IL TROUVAIT ÇA PLUS CLASSE.
MIEUX PAYÉ AUSSI SANS DOUTE.
HA HA.
C'EST POSSIBLE.
C'EST MARRANT.
QUOI ?
IL A FAIT COMME TOI, FINALEMENT.
?
...OU PLUTÔT C'EST TOI QUI FAIS COMME LUI : APRÈS AVOIR ÉCRIT DES HISTOIRES DE FICTION, TU T'ES MIS À RACONTER LA VIE DES PUISSANTS.
C'EST PAS FAUX...
CELA DIT, J'ESPÈRE AVOIR PLUS DE RECUL QUAND MÊME...
PARCE QUE, QUAND RACINE RACONTE LA VIE DE LOUIS XIV, C'EST DE LA BONNE VIEILLE PROPAGANDE.
AH OUAIS ?
OUAIS !
ENFIN, D'APRÈS CE QUE J'AI COMPRIS...
escalope milanaise
boudin purée
tilapia
tarte tatin

* authentique !

Signe ou pas, je suis obligé de reconnaître que mon copain Noé a raison...
CONFÉRENCE le PARIS de JEAN RACINE
Quelque chose m'interpelle dans le parcours et l'œuvre de Jean RACINE.
EH OUAIS
Tout du moins dans son rapport au POUVOIR...
À la fois artiste et communicant, il a écrit des pièces sur le POUVOIR avant de devenir lui-même un des rouages de celui-ci.
EN 1660 IL S'INSTALLE TOUT PRÈS D'ICI, RUE SAINT-JACQUES...
ZZZ
C'EST MARRANT IL HABITAIT TOUT PRÈS DE CHEZ MOI...
ouvrage très bien documenté de Catherine ÉCHALIER
Si quelqu'un s'y connaît en la matière c'est bien lui.
blablabla... JEAN RACINE NAÎT DANS UNE FAMILLE DE PETITS NOTABLES À LA FERTÉ-MILON EN 1639...
blablabla Louis XIV...
Intrigué, je commence à réunir une imposante documentation et je me mets à potasser.
TIENS, RACINE AVAIT SEULEMENT UN AN DE DIFFÉRENCE AVEC LOUIS XIV...
PRESQUE COMME ENTRE MACRON ET MOI.
les deux volumes de la pléiade bien sûr
un petit livre très intéressant de Roland BARTHES
de Jean-Michel DELACOMPTÉE
la référence 940 pages !
RACINE et SHAKESPEARE de STENDHAL...
et de Michael EDWARDS
de Nathalie AZOULAI
À bien y regarder, rien ne prédisposait RACINE à un destin pareil...
Jean RACINE, quelques jours après sa naissance
PROÛAAT !
Orphelin à l'âge de 4 ans, il est rapidement confié par son grand-père aux SOLITAIRES de l'abbaye de PORT-ROYAL DES CHAMPS.
le voilà sur le chemin de PORT-ROYAL avec son baluchon
PAPY, C'EST ENCORE LOIN ?
Paris n'est pas très loin (12 km)

"SOLITAIRES," c'est le nom qu'on donne aux quelques maîtres qui se sont retirés dans ce coin perdu pour y développer un centre du JANSÉNISME en Europe.
Les JANSÉNISTES ne sont pas spécialement des rigolos. Leur doctrine repose sur un courant humaniste et rigoriste issu du catholicisme en comparaison duquel les JÉSUITES passeraient pour une bande de joyeux drilles.
SUIVEZ-MOI, RACINE.
CLAC
CLAC
CLAC
Antoine LE MAÎTRE, un des "solitaires"
À cette époque (et plus encore par la suite) ils sont mal considérés par le POUVOIR qui voit en eux une sorte de secte aux influences diverses.
Cornelius JANSEN alias JANSÉNIUS, évêque d'YPRES, le père du mouvement (mort en 1638)
En 1646, les directeurs de l'abbaye viennent justement de créer à PARIS les PETITES ÉCOLES de PORT-ROYAL, un lieu d'enseignement expérimental aux méthodes novatrices.
VOICI VOTRE PROGRAMME QUOTIDIEN POUR LES DIX PROCHAINES ANNÉES...
Le but des maîtres est de transformer les enfants en "bons chrétiens élevés dans la crainte du péché, la quête de l'innocence, la maîtrise de soi, la simplicité et la piété".
LEVER : 5 H DU MATIN, PRIÈRE COMMUNE, RÉVISION INDIVIDUELLE, PETIT DÉJEUNER PUIS VERSION LATINE COURS D'HISTOIRE DÎNER EN SILENCE EN ÉCOUTANT UNE LECTURE PIEUSE APRÈS GREC ET LATIN...
GASP.
portrait de Blaise PASCAL (une des STARS du courant janséniste)
Autant dire qu'on ne rigole pas tous les jours à PORT-ROYAL DES CHAMPS.
...ET ENFIN, POUR SE DÉTENDRE, ON FERA UN PEU D'ESPAGNOL OU D'ITALIEN.
!!!
...

* Des suprêmes biens et des suprêmes maux.

Tout comme les sorciers, les JANSÉNISTES sont persécutés et accusés de tous les maux. Ils ont pour ennemis jurés les puissants JÉSUITES, catholiques eux aussi mais proches du pouvoir et alliés du PAPE.
En 1653, un décret papal condamne comme hérétiques certaines propositions énoncées par les JANSÉNISTES.
Porte St-Jacques
HORS D'ici, SALES JANSÉNISTES !!
les PETITES ÉCOLES quittent PARIS
OUAH ! OUAH
Sous peine d'excommunication, l'ÉGLISE oblige les JANSÉNISTES à signer un formulaire qui affirme que leurs propositions sont bien hérétiques.
L'ombre de VOLDEMORT plane sur PORT-ROYAL et les PETITES ÉCOLES risquent la dispersion à tout moment.
HÉRÉTIQUES !
RICHELIEU
MAZARIN
Et, comme HARRY POTTER, RACINE va être malgré lui l'artisan de la perte de son école et de ses amis...
POURQUOI AS-TU FAIT ÇA, HARRY !!?
NOOOON !!
KRASH !
ADVERSUS INCENDIO !!!
Mais on verra ça plus tard.
Finalement, la seule vraie différence avec L'ÉCOLE DES SORCIERS, c'est qu'à PORT-ROYAL DES CHAMPS il y a 0 fille...
MAIS !! ...
HERMIONE EST LE PRÉNOM DE L'UN DES PERSONNAGES PRINCIPAUX D'"ANDROMAQUE", UNE DES PREMIÈRES TRAGÉDIES DE RACINE !
HA ! HA !
COÏNCIDENCE ? JE NE CROIS PAS.
le mec persuadé d'avoir trouvé un axe d'étude pour l'exégèse de J.K. ROWLING
Pierre Thomas DU FOSSÉ, copain de classe de RACINE (je lui ai fait la tête de Ron WEASLEY)

Malgré tout RACINE est assidu aux études et, à 15 ans, il est capable de lire dans le texte et sans aucune difficulté les tragédies de SOPHOCLE et d'EURIPIDE qu'il apprend par coeur pour se divertir.
CELA DIT, LE THÉÂTRE EST HYPER-DÉSAPPROUVÉ PAR LES MAÎTRES, ET RACINE N'A ACCÈS QU'À DES TEXTES JOYEUSEMENT EXPURGÉS DES VERS LES PLUS DÉRANGEANTS.
parfois RACINE tombe sur certains "livres interdits" comme celui qu'il feuillette en ce moment (où l'a-t-il déniché ?)
C'est vers cette période qu'il découvre l'existence du ~~sexe~~ sentiment amoureux.
EH BIEN, MON JEUNE AMI ! QU'ÊTES-VOUS EN TRAIN DE LIRE ?
EUH... RIEN.
ON PEUT VOIR ?
UN ROMAN LICENCIEUX ! QUELLE HORREUR ! JE M'EN VAIS LE JETER AU FEU !!
CHAUD !
LES ÉTHIOPIQUES OU LES AMOURS DE THÉAGÈNE ET CHARICLÉE
Public Averti
"LES ÉTHIOPIQUES ou LES AMOURS DE THÉAGÈNE ET CHARICLÉE"
roman grec du IIIe ou IVe siècle
La semaine suivante...
HEIN ?! MAIS ENFIN, QU'EST-CE À DIRE, RACINE !?!
il a réussi à se procurer un autre exemplaire du bouquin
AU FEU, IMMÉDIATEMENT !
Quelques jours plus tard...
TENEZ MAÎTRE, VOUS POUVEZ BRÛLER AUSSI CET EXEMPLAIRE.
J'AI FINI PAR L'APPRENDRE PAR COEUR.

En 1658, les PETITES ÉCOLES sont à nouveau menacées et les SOLITAIRES décident d'envoyer RACINE à PARIS pour étudier la philosophie et le droit au collège d'HARCOURT, un établissement "ami".
PRENEZ SOIN DE VOUS, MON FILS ET GARDEZ-VOUS DE LA TENTATION.
OUI, MES BONS MAÎTRES.
RACINE découvre la liberté.
rue de la HARPE
Collège d'HARCOURT
il a 18 ans
la SORBONNE, reconstruite par RICHELIEU, est juste en face
Il n'aime pas trop les cours et préfère de loin se balader dans les rues animées de PARIS.
ON VA FAIRE UN TOUR DANS LE MARAIS ?
son ami Pierre Thomas DU FOSSÉ est venu lui rendre visite
Un jour il assiste à une représentation théâtrale d'un "anathème contre les JANSÉNISTES" mise en scène par les JÉSUITES. Ça le fait bien rigoler.
HA HA !! QUELLE BANDE DE TOCARDS !
HA HA
église St-Louis-des-Jésuites
Mais ce qu'il aime particulièrement c'est se rendre au LOUVRE pour voir le roi.
REGARDE CETTE MERVEILLE.
OUAAAH...
le château est ouvert à tout le monde
Là, avec un peu de chance, il peut apercevoir le jeune Louis XIV en train de faire des exercices équestres. Il est pas mal impressionné.
BRAVO, MAJESTÉ !
OUI BRAVO.
QUELLE CLASSE !
à 19 ans, Louis porte déjà une perruque après avoir perdu ses cheveux à la suite d'un typhus contracté durant l'été

Après deux ans au collège d'HARCOURT, RACINE renonce aux études de droit et devient commis auprès de son cousin Nicolas VITART (encore un janséniste), l'intendant du DUC de LUYNES.
TENEZ, MON CHER COUSIN, VOUS SEREZ ICI COMME CHEZ VOUS.
NOUS SOMMES BIEN AISE DE VOUS REVOIR, MON CHER RACINE.
la femme de VITART
Charles Honoré d'ALBERT le fils du duc de LUYNES. Il était aux PETITES ÉCOLES lui aussi.
ILS SONT TOUS SUPER BIEN SAPÉS DANS CETTE BARAQUE...
Il vit désormais dans le luxueux hôtel de LUYNES et donne de moins en moins de nouvelles à ses maîtres de PORT-ROYAL...
Son activité de commis n'est pas trop fatigante et il s'ennuie pas mal.
SI SEULEMENT J'AVAIS DE L'ARGENT POUR M'ACHETER DE BEAUX HABITS...
NOTRE-DAME est juste en face
De temps en temps, il écrit à sa famille à LA FERTÉ-MILON pour justifier sa longue absence et son silence.
Ma très chère sœur, je suis accablé d'affaires ici à Paris et je me demandais si vous pourriez parler à Grand-Père afin que...
Ses soi-disant "affaires" consistent surtout à fréquenter le salon de Madame VITART.
À VOUS, RACINE, LISEZ-NOUS DONC VOS VERS.
C'EST-À-DIRE QUE JE NE SAIS, SI...
nouveaux habits
ALLONS, NE VOUS FAITES POINT PRIER...
Dans cette nouvelle société où la galanterie est de mise, RACINE est assez coincé mais, encouragé par son cousin, il se fait remarquer et commence à briller par son esprit.
HUM...
Hi Hi
L'on m'avait dit belle Climène
De me garder de vos appas
Et que vous étiez inhumaine :
Hélas ! En vous voyant il ne m'en souvint pas.
Hi Hi !
HA HA !
HA HA BRAVO !
WIF
François LE VASSEUR, abbé et libertin
un drôle de zozo de 4 ou 5 ans de plus que RACINE
Ces premiers succès lui montent un peu à la tête et il prend une grande décision...
JE SERAI POÈTE.

Avec l'abbé LE VASSEUR, RACINE se met à fréquenter les théâtres et les cabarets. Il y rencontre toutes sortes de poètes et de penseurs libertins (et des actrices aussi).
MAZARIN, CE BOUGERON, DIT QU'IL N'AIME PAS LES CULS. C'EST UN SCÉLÉRAT, C'EST UN BOUGRE INGRAT DE LES AVOIR EN HAINE IL N'EÛT JAMAIS QU'UN FAT SANS CELUI DE LA REINE
HA HA !
CABARET de la CROIX BLANCHE
RACINE y fait notamment la connaissance d'un certain Jean de LA FONTAINE (qui se trouve être aussi son cousin par alliance).
...ET LE PLUS BEAU C'EST QU'IL ME PAYE UNE RENTE DE 6000 Livres PAR AN POUR ÇA !
VOILÀ QUI PARAÎT FORT CONFORTABLE EN EFFET.
PUNAISE !
HiHi !
LA FONTAINE n'a pas encore écrit les FABLES mais il est déjà célèbre
LA FONTAINE a pour mécène Nicolas FOUQUET, le tout-puissant surintendant des Finances.
LE SIEUR FOUQUET M'A DEMANDÉ DE COMPOSER QUELQUES VERS POUR CÉLÉBRER LA MAGNIFICENCE DE SON CHÂTEAU DE VAUX.
LA CHANCE !
PAR MA FOI VOILÀ UN HOMME DE GOÛT ! BUVONS À SA SANTÉ !
OUI, BUVONS !
Toutes ces rencontres font grand effet sur RACINE qui est soudain pris d'une véritable fureur d'écrire.
CONSACRER MON TEMPS À LIRE DES VERS ET TÂCHER D'EN FAIRE, QU'Y A-T-IL DE PLUS ENVIABLE ?
Il a le feu sacré !
LE VASSEUR, bien sûr, l'encourage.
MAIS, ET VOUS, MON COUSIN ? NOTRE AMI ME DIT LE PLUS GRAND BIEN DE VOS ÉCRITS.
POURQUOI NE COMPOSERIEZ-VOUS PAS QUELQUE CHOSE POUR NOTRE SURINTENDANT DES FINANCES, VOUS AUSSI ?
MOI ?
MAIS OUI, POURQUOI PAS ?
EUH...
C'EST QUE LE SIEUR FOUQUET EST PROCHE DES JÉSUITES ET SON TRAIN DE VIE FASTUEUX N'EST PAS POUR PLAIRE AUX ANCIENS MAÎTRES DE NOTRE AMI RACINE...
BAH ! QUI S'EN SOUCIE ?
PENSEZ-Y, MON COUSIN. METTEZ-VOUS SOUS LA PROTECTION DE FOUQUET ET VOTRE AVENIR EST ASSURÉ.
JE... JE VAIS Y RÉFLÉCHIR...
RACINE est à fond.
JE VAIS COMMENCER PAR UNE ODE...
OU UNE FABLE...
OU ALORS UNE PIÈCE DE THÉÂTRE.
DANS LE GENRE DE CORNEILLE.

Le 26 août 1660, l'entrée triomphale du roi Louis et de la REINE MARIE-THÉRÈSE D'ESPAGNE produit une impression très forte sur RACINE.
Louis XIV et l'infante d'ESPAGNE viennent de se marier à St-JEAN-de-LUZ, scellant par la même occasion la paix entre les deux pays
SAINTE MÈRE DE DIEU ! REGARDEZ-MOI ÇA !
le trône
la Reyne
M. le Comte de SOISSONS
M. le Prince de CONTY
M. le Duc d'ANJOU
Le ROY
RACINE a une sorte d'illumination.
MAIS OUI !! LA VOILÀ LA SOLUTION !
HEIN ?
Son copain Pierre Thomas DU FOSSÉ est là lui aussi
JE VAIS ÉCRIRE UNE GRANDE ODE POUR CÉLÉBRER LE MARIAGE DU ROI. QUELQUE CHOSE DE GRANDIOSE QUI ARRIVERA JUSQU'AUX OREILLES DE LOUIS XIV !!!
Enfin il tient son grand sujet !
EUH... TU SAIS QUE NOS MAÎTRES ONT PROMIS DE T'EXCOMMUNIER SI TU CONTINUAIS D'ÉCRIRE DES SONNETS ?...
M'EN FOUS ! PEU ME CHAUT !
Le soir même il se met au travail tandis qu'un feu d'artifice est tiré de l'autre côté de la SEINE.
À NOUS DEUX, LE SUCCÈS !
bon, ce qu'il ne sait pas, c'est qu'à peu près tous les poètes de PARIS ont eu la même idée...

* Sociologue de l'action sociale et des mouvements sociaux.

S'il a de l'amertume il ne la montre pas.
BONJOUR ! VOUS ALLEZ BIEN ?
BFM TV
son bureau de vote à TULLE
Il joue le jeu, il fait des blagues.
IL FAUT MANGER, MATHIEU. SI VOUS VOULEZ BIEN VOMIR DANS L'AVION IL FAUT MANGER...
HA HA HA !!
Mais, au fond, on sent qu'il commence à avoir les boules.
après la "petite collation" de la case précédente, déjeuner dans un restaurant de TULLE
Dans l'avion du retour, HOLLANDE commente les premiers résultats.
MACRON EST À 77% EN MARTINIQUE.
MAIS À PEINE 50% EN NOUVELLE-CALÉDONIE.
VRRRRRR
ET MOI JE SENS QUE JE VAIS ENCORE ÊTRE MALADE...
Il tente de faire bonne figure et fait mine de s'intéresser.
L'ÉLYSÉE EST VRAIMENT UN LIEU TRÈS NORMÉ...
TRÈS RÉGLEMENTAIRE, TRÈS PROTOCOLAIRE...
QUELQUEFOIS ON M'A DIT : "TU TRANCHES TROP LENTEMENT." MAIS PARFOIS ON TRANCHE TROP VITE...
Comme si tout cela ne le concernait pas.
J'AI PAYÉ QUELQUES IMPÔTS. MÊME EN TEMPS QUE PRÉSIDENT.
NOTAMMENT À CAUSE DES MESURES QUE J'AVAIS PRISES.
HA HA!
Mais le soir venu, dans le jardin d'hiver du palais de l'Élysée...
MESDAMES ET MESSIEURS... ON Y EST, C'EST LE MOMENT DE VÉRITÉ. LES DERNIERS ÉLECTEURS ONT VOTÉ OU SONT EN TRAIN DE LE FAIRE...
...LES BUREAUX DE VOTE FERMENT DANS LES GRANDES VILLES ET NOUS ALLONS CONNAÎTRE LE RÉSULTAT DE CETTE ÉLECTION QUI AURA, QUOI QU'IL ADVIENNE, REBATTU LES CARTES, QUI AURA PRIS TOUT LE MONDE DE COURT, TOUT LE MONDE PAR SURPRISE...
DIRECT
2017
François HOLLANDE a invité ses conseillers et sa garde rapprochée et leur famille

AU MOMENT OÙ JE VOUS PARLE, LA PRESSE ET LES DIRIGEANTS DE TOUTE L'EUROPE ATTENDENT LES RÉSULTATS DE CE VERDICT, LES YEUX BRAQUÉS SUR LES ÉCRANS ...
DIRECT
2017
PRÉSIDENTIELLE
CLIC CLIC
C'EST AUSSI CE SOIR, ET QUEL QUE SOIT LE VISAGE DE CELUI OU CELLE QUI VA S'AFFICHER SUR CET ÉCRAN, LE DÉBUT D'UNE NOUVELLE ÈRE PUISQUE CE SERA UN PRÉSIDENT DE LA RÉPUBLIQUE, BIEN ENTENDU, QUI N'A JAMAIS EXERCÉ CE POUVOIR-LÀ...
AH BAH ÇA!
HA HA!
"C'EST QUELQU'UN QUI N'A JAMAIS ÉTÉ PRÉSIDENT"! OUH LALA...
...6 SECONDES, 5 SECONDES... QUEL EST LE CHOIX DES FRANÇAIS?
IL EST 20H, VOICI LE NOUVEAU PRÉSIDENT DE LA RÉPUBLIQUE ET C'EST...
EMMANUEL MACRON!
CLAP CLAP! CLAP!
DIRECT
MACRON 65,1%
LE PEN 34,9%
PRÉSIDENTIELLE
CLIC CLIC
CLAP CLAP CLAP CLAP CLAP CLAP
65%!
...EXPLOSION DE JOIE, VOUS LE VOYEZ SUR CES IMAGES EN CE MOMENT MÊME... EUH... AU LOUVRE OÙ LES MILITANTS EN MARCHE SE SONT RÉUNIS AUTOUR DE LEUR CANDIDAT...
C'EST UNE NOUVELLE ÈRE POLITIQUE QUI S'OUVRE EN FRANCE. EMMANUEL MACRON EST LE NOUVEAU PRÉSIDENT ÉLU. IL SUCCÈDERA DANS QUELQUES JOURS À FRANÇOIS HOLLANDE À L'ÉLYSÉE ...
Peu après, François HOLLANDE téléphone à quelqu'un (Emmanuel MACRON je suppose, mais allez savoir, c'est peut-être à son dentiste ou je ne sais qui...).
enfants du personnel
Puis il rejoint son équipe dans le salon des Ambassadeurs pour écouter les premiers mots du vainqueur...
JE VEUX CE SOIR ADRESSER UN SALUT RÉPUBLICAIN À MON ADVERSAIRE, MADAME LE PEN. JE SAIS LES DIVISIONS DE NOTRE NATION QUI ONT CONDUIT CERTAINS À DES VOTES EXTRÊMES... JE LES RESPECTE.
JE SAIS LA COLÈRE, L'ANXIÉTÉ, LES DOUTES, QU'UNE GRANDE PARTIE D'ENTRE VOUS A EXPRIMÉS.
IL EST DE MA RESPONSABILITÉ DE LES ENTENDRE...

Silence total pendant l'allocution.
... FRANÇAISES, FRANÇAIS, MES CHERS CONCITOYENS, JE VEUX CE SOIR SALUER LE PRÉSIDENT HOLLANDE.
IL A PENDANT CINQ ANS ŒUVRÉ POUR NOTRE PAYS ...
DURANT LES CINQ ANNÉES QUI S'OUVRENT, MA RESPONSABILITÉ SERA D'APAISER LES PEURS, DE NOUS FAIRE RENOUER AVEC L'OPTIMISME, DE RETROUVER L'ESPRIT DE CONQUÊTE QUI DIT MIEUX QUE TOUT LE GÉNIE FRANÇAIS.
JE ME BATTRAI DE TOUTES MES FORCES CONTRE LES DIVISIONS QUI NOUS ...
L'allocution se termine.
BIEN.
MERCI À TOUS.
HUM.
Après ça François HOLLANDE s'attarde un peu dans le jardin d'hiver. Il prend le temps de répondre aux questions des deux journalistes.
IL VAUT MIEUX QUE CE SOIT EMMANUEL MACRON QUE ... D'AUTRES.
ÇA VA ?
OUI !
Il donne le change.
IL Y A TOUTES LES RAISONS POUR QUE ÇA AILLE, ALORS SI ÇA N'ALLAIT PAS...
UN GARÇON QUE J'AI CONNU BÉBÉ...
JE SUIS HEUREUX PARCE QUE JE NE ME SUIS PAS TROMPÉ.
Jean-Pierre JOUYET secrétaire général de l'Élysée. On dit que c'est lui qui a présenté Emmanuel MACRON à François HOLLANDE
Mais, peu à peu, quelque chose semble s'affaisser.
AU PARTI SOCIALISTE ON PARLE DE 80 % QUI SONT ALLÉS VOTER POUR FAIRE BARRAGE À...
personne ne dit rien
François HOLLANDE finit par se lever et remonte dans son bureau.

BON.
EH BIEN JE CROIS QUE LA FÊTE EST FINIE...

À la télé, les images de MACRON marchant vers la pyramide du LOUVRE tournent en boucle...

2

LE NOUVEAU MONDE

Mercredi 1er septembre 1660 (à moins que ce ne soit le jeudi 2).
Le jeune RACINE a presque terminé son ode royale, mais ce n'est pas cela qui le préoccupe aujourd'hui. Il a la pression car il va être reçu par la fameuse troupe de théâtre du MARAIS dans l'espoir de placer AMASIE, sa première pièce...
VOUS PENSEZ QUE ÇA VA MARCHER ?
BIEN SÛR !
MADEMOISELLE ROSTE A ADORÉ LA PIÈCE. NUL DOUTE QU'IL EN SERA DE MÊME POUR LE RESTE DE LA TROUPE.
OUAIS.
il a 20 ans
c'est l'abbé LE VASSEUR qui a arrangé le coup, bien sûr
Écrire pour le théâtre à PARIS en 1660, c'est comme être réalisateur à l'époque du nouvel HOLLYWOOD en 1970 : en cas de réussite c'est la gloire internationale.
JE SUIS AVEC MONSIEUR RACINE POUR SA PIÈCE...
ENTREZ ENTREZ.
Mademoiselle ROSTE (avec elle c'est dans la poche)
D'autant que le théâtre du MARAIS, c'est là que le vieux CORNEILLE a triomphé avec LE CID en 1637. Ça ne date pas d'hier mais c'est quand même la classe.
ALORS, IL EST OÙ CE JEUNE PRODIGE ?
EUH... JE SUIS LÀ.
APPROCHEZ DONC ! ET RÉCITEZ-MOI UN PEU VOTRE AFFAIRE.
Le texte a aujourd'hui disparu mais, pour ce qu'on en sait, AMASIE est une sorte de tragi-comédie pastorale bien dans la mode du moment.
HUM, HUM...
DONC...
LA ROQUE, le chef de la troupe (On ne la lui fait pas)

L'air de rien RACINE est un excellent orateur. Habitué à déclamer lors de sa formation à PORT-ROYAL, il est hyper au point de ce côté.
EH BIEN ?
C'EST CHARMANT.
VRAIMENT ?!
OUI OUI.
CELA SIGNIFIE-T-IL QUE VOUS ACCEPTEZ LA PIÈCE ?
MA FOI, IL FAUT QUE JE LISE, MAIS SI L'ENSEMBLE DU TEXTE EST DU MÊME NIVEAU, TRÈS CERTAINEMENT.
GASP !
NOUS ATTENDONS UNE PIÈCE DE MONSIEUR CORNEILLE POUR L'HIVER PROCHAIN (UNE NOUVEAUTÉ INCROYABLE AVEC DES MACHINES), MAIS D'ICI-LÀ, RIEN N'EMPÊCHE QUE NOUS PRÉSENTIONS VOTRE "AMASIE".
JE NE SAIS QUE DIRE ! VOUS ME VOYEZ RAVI !
en vérité le théâtre du MARAIS n'est pas au mieux. Les meilleurs comédiens sont partis à la concurrence et le théâtre a dû fermer plusieurs fois depuis quelque temps
MONSIEUR RACINE ! JE VOULAIS VOUS DIRE : MOI AUSSI J'AI BEAUCOUP AIMÉ VOTRE PIÈCE.
J'AJOUTE QUE CE SERAIT UN HONNEUR POUR MOI DE LA JOUER.
AH !?
EUH MERCI !
VOUS SAVEZ CE QU'IL NOUS RESTE À FAIRE, MON CHER AMI ?...
NON, QUOI ?
ALLER AU CABARET AU PLUS VITE POUR FÊTER ÇA !
On dirait que ça marche les affaires pour RACINE !
VOUS AI-JE PARLÉ DE CE SONNET QUE J'AI PRÉVU D'ÉCRIRE À LA GLOIRE DE MAZARIN ?...
NON, MAIS VOUS ALLEZ ME RACONTER ÇA...
il a bien pris le melon

Parallèlement à ses débuts dans le théâtre, RACINE a composé un petit sonnet à la gloire de MAZARIN dans l'espoir d'attirer l'attention du redoutable cardinal.
HA HA ! JE VAIS METTRE LA SAUCE...
« VOTRE GRANDEUR, gnagnagna... »
Nicolas VITART est son premier fan
QUEL GÉNIE !
Flatter MAZARIN n'est pas une mauvaise idée. Nommé par Louis XIII peu avant sa mort pour succéder à RICHELIEU, c'est une sorte de super Premier ministre.
OU PLUTÔT "VOTRE ÉMINENCE ?"
MOUAIF.
Fin politicien il gère le pays aux côtés d'Anne d'AUTRICHE (la mère de Louis XIV) depuis une vingtaine d'années (occasionnellement, c'est aussi son amant, dit-on).
adore le luxe, bourré de dettes et corrompu jusqu'aux os
son père était un modeste savetier italien
Au fil des années il est devenu l'homme le plus puissant du pays (et le plus riche après FOUQUET, qui, en tant que surintendant des finances, remplit régulièrement ses poches en même temps que les caisses de l'État).
C'EST FORT BIEN TOURNÉ, MONSIEUR RACINE. NUL DOUTE QUE LE CARDINAL RECONNAÎTRA L'OEUVRE D'UN GRAND ESPRIT.
MERCI, MADEMOISELLE.
IL EST TROP FORT...
YES !
RACINE a fait lire son truc à Mademoiselle LUCRÈCE, une des habituées du salon VITART
ELLE EST PAS MAL CETTE MADEMOISELLE LUCRÈCE...
C'est une bonne idée mais le cardinal est au top de la gloire et il en reçoit tous les jours des sonnets, des odes et des compliments. Surtout depuis qu'il a rétabli la paix des deux côtés des PYRÉNÉES en organisant le mariage entre Louis XIV et l'infante d'ESPAGNE.
ALORS ?
HÉLAS, TOUJOURS RIEN, MON COUSIN.
Bref, le sonnet à MAZARIN reste lettre morte.
MAIS ÇA NE FAIT JAMAIS QUE TROIS SEMAINES QUE J'AI TRANSMIS VOTRE SONNET... IL FAUT ÊTRE PATIENT, MON COUSIN.
MOUAIF...
CHIOTTE.

On dirait que les affaires ne vont pas si fort, finalement. D'autant que le comédien LA ROQUE a fini par changer d'avis sur la pièce de RACINE.
WHAT !?
DÉSOLÉE...
GRRR... SANS DOUTE PRÉFÈRENT-ILS LE GALIMATIAS D'UN AUTEUR RINGARD COMME LE VIEUX CORNEILLE !...
M'EN FOUS, JE VAIS ME REMETTRE AUSSI SEC À LA RÉDACTION DE MON ODE À LA REINE.
DIRECT !
EASY.
Cette fois, RACINE est plus prudent, il demande à son cousin VITART de faire lire d'abord l'Ode à Jean CHAPELAIN, qui est l'un des doyens de l'Académie française.
BONNE IDÉE ! ET AUSSI JE PENSAIS LA FAIRE LIRE À CHARLES PERRAULT QUI...
PERRAULT ? SURTOUT PAS !!
IL N'AVAIT PAS AIMÉ MA PIÈCE, IL L'AVAIT TROUVÉE MÉDIOCRE ET CONVENUE.
À TOUS LES COUPS IL N'AIMERA PAS MON ODE NON PLUS.
BON, COMME VOUS VOUDREZ...
RACINE a décidé d'intituler son ode LA NYMPHE DE LA SEINE À LA REYNE. L'idée c'est de vanter à fond la jeune reine (et par ce biais, le roi aussi du coup).
MERDUM, SI ÇA SE TROUVE, LE VIEUX CHAPELAIN VA DÉTESTER MON ODE...
Problème : le poète CHAPELAIN n'est pas en bons termes avec Nicolas FOUQUET et sa bande qu'il a osé brocarder. Alors que PERRAULT a composé un poème remarqué en l'honneur du SURINTENDANT.
Nicolas FOUQUET
POURQUOI EST-CE QUE JE N'AI PAS FAIT UN JOLI PETIT POÈME EN L'HONNEUR DE FOUQUET COMME TOUT LE MONDE ?
SI FOUQUET APPREND QUE J'AI CHOISI LE CAMP D'EN FACE, JE SUIS GRILLÉ !
RACINE, QU'AS-TU FAIT, MON AMI ?! TU AS TOUT GÂCHÉ !!
TU POURRAIS ÊTRE RICHE ET CÉLÈBRE À L'HEURE QU'IL EST !!!

In fine, il semblerait que CHAPELAIN ait beaucoup apprécié le texte de RACINE, et il a même demandé à le rencontrer.
COMME QUOI, ÇA SERVAIT À RIEN DE STRESSER.
IL A RETENU L'ODE TROIS JOURS AVANT DE RÉPONDRE. MAIS IL A ADORÉ !
FORMIDABLE !
IL A FAIT PLEIN DE REMARQUES QUE JE VAIS SUIVRE À LA LETTRE...
BIEN !
MON COUSIN VITART EST EN JOIE.
IL A MÊME PRIS LA LIBERTÉ DE LE FAIRE LIRE MALGRÉ TOUT À PERRAULT, QUI A ÉTÉ TRÈS ENCOURAGEANT.
AH !
LA FONTAINE
EN FAIT, IL A BEAUCOUP AIMÉ AUSSI.
MAGNIFIQUE !
IL A QUAND MÊME TROUVÉ QUE LE PASSAGE OÙ JE COMPARE LA REINE À VÉNUS ÉTAIT UN PEU HARDI.*
HA HA !
Hihi
Ho Ho !!
* D'après le code poétique de l'époque VÉNUS était considéré comme une prostituée.
Bien évidemment, c'est le cousin VITART qui allonge l'argent pour faire imprimer l'ode.
100 LIVRES, C'EST PAS DONNÉ !
VOUS ME REMBOURSEREZ QUAND VOUS SEREZ CÉLÈBRE MON COUSIN.
Ça n'a pas l'air de lui avoir traversé l'esprit, mais RACINE n'est pas le seul à avoir composé une ODE pour la REINE ou pour le roi et, là encore, il ne se passe pas grand-chose...
AU MOINS, JE ME SUIS FAIT REMARQUER PAR CHAPELAIN, C'EST DÉJÀ ÇA.
pour l'occuper on lui a demandé de surveiller l'avancée des travaux du nouvel hôtel de LUYNES, un truc luxueux et moderne loin du centre (du côté de l'actuel métro SÈVRES-BABYLONE)

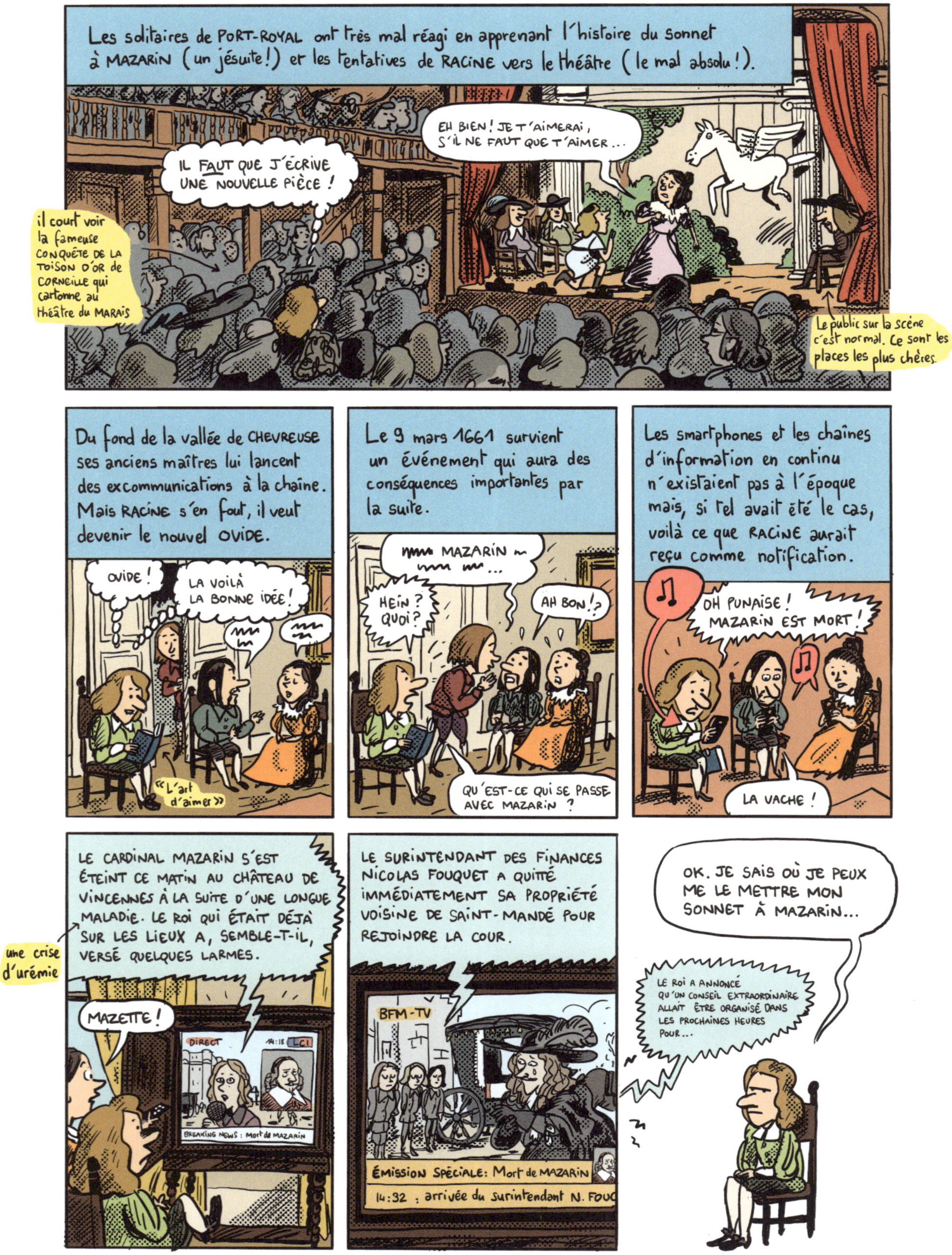

Les solitaires de PORT-ROYAL ont très mal réagi en apprenant l'histoire du sonnet à MAZARIN (un jésuite !) et les tentatives de RACINE vers le théâtre (le mal absolu !).
IL FAUT QUE J'ÉCRIVE UNE NOUVELLE PIÈCE !
EH BIEN ! JE T'AIMERAI, S'IL NE FAUT QUE T'AIMER...
il court voir la fameuse CONQUÊTE DE LA TOISON D'OR de CORNEILLE qui cartonne au théâtre du MARAIS
Le public sur la scène c'est normal. Ce sont les places les plus chères.
Du fond de la vallée de CHEVREUSE ses anciens maîtres lui lancent des excommunications à la chaîne. Mais RACINE s'en fout, il veut devenir le nouvel OVIDE.
OVIDE !
LA VOILÀ LA BONNE IDÉE !
« L'art d'aimer »
Le 9 mars 1661 survient un événement qui aura des conséquences importantes par la suite.
MAZARIN ...
HEIN ? QUOI ?
AH BON !?
QU'EST-CE QUI SE PASSE AVEC MAZARIN ?
Les smartphones et les chaînes d'information en continu n'existaient pas à l'époque mais, si tel avait été le cas, voilà ce que RACINE aurait reçu comme notification.
OH PUNAISE ! MAZARIN EST MORT !
LA VACHE !
LE CARDINAL MAZARIN S'EST ÉTEINT CE MATIN AU CHÂTEAU DE VINCENNES À LA SUITE D'UNE LONGUE MALADIE. LE ROI QUI ÉTAIT DÉJÀ SUR LES LIEUX A, SEMBLE-T-IL, VERSÉ QUELQUES LARMES.
une crise d'urémie
MAZETTE !
DIRECT 14:18 LCI
BREAKING NEWS : Mort de MAZARIN
LE SURINTENDANT DES FINANCES NICOLAS FOUQUET A QUITTÉ IMMÉDIATEMENT SA PROPRIÉTÉ VOISINE DE SAINT-MANDÉ POUR REJOINDRE LA COUR.
BFM-TV
ÉMISSION SPÉCIALE : Mort de MAZARIN
14:32 : arrivée du surintendant N. FOUC
OK. JE SAIS OÙ JE PEUX ME LE METTRE MON SONNET À MAZARIN...
LE ROI A ANNONCÉ QU'UN CONSEIL EXTRAORDINAIRE ALLAIT ÊTRE ORGANISÉ DANS LES PROCHAINES HEURES POUR...

En effet, à partir de cette date, Louis XIV prend les choses en main...
Il s'entoure d'un conseil restreint de quatre ministres de choc (dont l'indispensable FOUQUET et aussi un certain Jean-Baptiste COLBERT que lui avait chaudement conseillé MAZARIN avant de mourir)...
"L'ÉTAT C'EST MOI" QU'IL A DIT !
ÇA C'EST SÛR C'T'UN HOMME À POIGNE QUE C'TE ROI-LÀ...
le gibet de la place de Grève
♫
Une de ses premières mesures consiste à persécuter les disciples de PORT-ROYAL en renvoyant les directeurs des petites écoles et en en obligeant les jansénistes à signer un formulaire remettant en cause la doctrine de JANSÉNIUS.
Théâtre de l'Hôtel de Bourgogne
UNE PLACE POUR LA DERNIÈRE PIÈCE DE QUINAULT S'IL VOUS PLAÎT. DANS LE PARTERRE !
Troupe de l'Hôtel de Bourgogne
Pendant ce temps RACINE se la donne au Théâtre de l'HÔTEL DE BOURGOGNE, la compagnie la plus en vogue du moment.
HA HA HA !
Il consacre aussi une bonne partie de ses journées à peaufiner sa pièce sur OVIDE.
ÇA Y EST, MA TRAGÉDIE EST FAITE !
Vague plan sans dialogues
IL NE ME RESTE PLUS QU'À ÉCRIRE LES VERS...
petit meublé du côté de la rue ST-JACQUES (pas loin de l'actuel PANTHÉON)
Le reste du temps il va au cabaret de la CROIX-BLANCHE où il retrouve ses amis (l'abbé LE VASSEUR n'est pas du nombre car il est allé se refaire une santé aux EAUX DE BOURBON).
NOTRE CHER ABBÉ M'A ÉCRIT QU'IL VENAIT DE TOMBER FOU AMOUREUX D'UNE JEUNE FILLE DU COIN DE 14 ANS...
IL EN PERD LE SOMMEIL !
HA HA HA !

À l'été 1661, RACINE attrape une sale fièvre et se voit contraint de garder le lit pendant plusieurs semaines.
JE ME SENS MAAAL...
JE VAIS CREVER.
S'il avait eu Internet dans son gourbi (pour peu qu'une telle technologie eût existé à l'époque) voici ce qu'il aurait pu voir sur son laptop (imaginaire) du 17 au 20 juillet...
LE SURINTENDANT DES FINANCES, MONSIEUR NICOLAS FOUQUET, A CONVIÉ LE ROI ET SA COUR POUR TROIS JOURS DE FESTIVITÉS EXCEPTIONNELS DANS SON CHÂTEAU DE VAUX-LE-VICOMTE, DANS LE SUD DE PARIS...
château tip-top dernier cri selon les critères de l'époque Conçu par MANSARD et LE NÔTRE
BFM-TV 15:12 Arrivée du roi et de la cour à VAUX-le-VICOMTE
JETS D'EAU, JEUX, BANQUETS COMPOSÉS PAR VATEL, MUSIQUES DE LULLY... TOUT ÉTAIT ORGANISÉ POUR LE PLAISIR DU ROI QUI A PU APPLAUDIR LA REPRÉSENTATION DE LA PIÈCE "LES FÂCHEUX", TOUTE DERNIÈRE CRÉATION DU DRAMATURGE MOLIÈRE COMPOSÉE SPÉCIALEMENT POUR L'OCCASION ET SUIVIE D'UN INCROYABLE FEU D'ARTIFICE QUI...
RÂÂÂA...
LA CHANCE... ÇA AURAIT TELLEMENT ÉTÉ LA CLASSE D'ÊTRE INVITÉ LÀ-BAS...
MONSIEUR FOUQUET, UN PETIT MOT S'IL VOUS PLAÎT. LE ROI S'EST BEAUCOUP AMUSÉ À CE QU'ON M'A DIT. VOUS A-T-IL DIT QUELQUE CHOSE EN PARTANT ?
EH BIEN, ÉCOUTEZ, OUI JE CROIS QU'IL A PRIS BEAUCOUP DE PLAISIR ET...
Les semaines passent et quand septembre arrive RACINE est sur pieds mais il est sans le sou et incapable de rembourser les nombreuses dettes qu'il a contractées auprès de sa famille.
BON.
AU BOULOT !
Son grand-père maternel veut l'envoyer à UZÈS pour suivre une formation afin de devenir prêtre, mais RACINE a d'autres projets en tête...
HA HA ! OVIDE N'A QU'À BIEN SE TENIR !

Depuis peu, RACINE s'est lancé dans l'écriture des "BAINS DE VÉNUS", un long poème galant inspiré des aventures de son ami LE VASSEUR* Il est à fond.
NICOLAS FOUQUET EST LE MÉCÈNE QU'IL VOUS FAUT ! LE NÔTRE, LULLY, LE BRUN, PERRAULT, MOLIÈRE... TOUS LES GRANDS ARTISTES SONT À SON SERVICE, CHER AMI.
C'EST VRAI QUE ÇA FAIT RÉFLÉCHIR...
CE SERAIT TROP BIEN ! JE POURRAIS PEUT-ÊTRE LUI COMPOSER UNE ODE OU UN TRUC DU STYLE ...
la prison de la BASTILLE
il revient avec LA FONTAINE du cabaret évidemment
* avec sa jeune conquête de 14 ans (!)
Mais le 5 septembre, une terrible nouvelle vient ébranler le PARNASSE (c'est comme ça qu'on appelle le monde des ARTS).
Vous avez 1 nouvelle notification
SFR 4G
ALERTE INFO
il y a 1 min
Arrestation du surintendant des Finances Nicolas Fouquet à Nantes
... ON VIENT DE L'APPRENDRE, LE SURINTENDANT FOUQUET A ÉTÉ ARRÊTÉ EN FIN DE MATINÉE À NANTES PAR LES MOUSQUETAIRES DU ROI...
OH MON DIEU !
HEIN ?
DIRECT
10:36
?!
!
LE SURINTENDANT SORTAIT TOUT JUSTE D'UNE ENTREVUE AVEC NOTRE BIEN-AIMÉ SOUVERAIN AU CHÂTEAU DE NANTES LORSQUE LE CAPITAINE D'ARTAGNAN L'A INTERPELLÉ ET CONDUIT À LA PRISON DE LA VILLE.
Louis XIV regarde depuis le donjon. COLBERT aussi certainement (c'est lui qui a planifié ce traquenard).
DIRECT
ÉMISSION SPÉCIALE : Arrestation de FOUQUET
10:37 réaction de Colbert dans les prochaines heures

LES CHEFS D'INCULPATION RETENUS CONTRE LUI SONT NOMBREUX : CORRUPTION, PRISE ILLÉGALE D'INTÉRÊTS, DÉTOURNEMENT DE FONDS...
Nicolas FOUQUET
AKING NEWS : Arrestation
LE PRÉVENU DEVRAIT ÊTRE TRANSFÉRÉ DÈS DEMAIN À LA PRISON D'ANGERS AVANT LA BASTILLE LA SEMAINE PROCHAINE ET...
Nicolas FOUQUET
PAR LA MÊME OCCASION, LE ROI A ANNONCÉ QU'IL METTRAIT FIN À LA CHARGE DE SURINTENDANT ET A NOMMÉ LE MINISTRE COLBERT À LA TÊTE D'UN CONSEIL QUI...
BIEN FAIT !
VIVE LE ROI !
MERDE ALORS...
J'AI BIEN FAIT DE NE PAS ME METTRE SOUS LA PROTECTION DE CE MEC...
RACINE est coincé. Quelques semaines plus tard il fait ses adieux à son cousin VITART et monte dans un coche pour UZÈS (15 jours de voyage à travers la FRANCE profonde).
HUE DIA !
HUE !
il voyage avec des marchands lyonnais pour éviter les mauvaises rencontres
ADIEUX VEAUX, VACHES, COCHON, PARIS, etc.

Mi-mai 2017. Emmanuel MACRON et son nouveau parti commencent à préparer la campagne pour les élections législatives mais ce n'est pas mon affaire.
OUAIS, J'AI ARRÊTÉ DE SUIVRE LA POLITIQUE. JE TOURNE LA PAGE...
JE ME LANCE DANS LA MISE EN SCÈNE.
EH OUI ! JE FAIS DU CINÉMA MAINTENANT. HA ! HA !
VOTEZ
VOTEZ
moi en mode "réalisateur" qui me la pète auprès de mes amis
Le tournage de mon premier film est annoncé pour septembre prochain. Ça me laisse un peu plus de 3 mois pour boucler la fin du casting et repérer les décors...
OUAIS, JE SUIS À MONTPELLIER LÀ...
YES, ON VA TOUT TOURNER DANS LA RÉGION. IL Y A DES SUPER DÉCORS ET IL FAIT TOUJOURS BEAU.
"DE QUOI PARLE MON FILM ?" HA HA, TU VAS RIRE...
LE POULAIN raconte l'histoire d'Arnaud JAURÈS, un jeune novice en politique qui va intégrer l'équipe d'un candidat à la présidentielle (on ne se refait pas).
JE PARLE QUATRE LANGUES...
ET JE VIENS DE LA SOCIÉTÉ CIVILE...
c'est le talentueux et sémillant Finnegan OLDFIELD qui interprétera Arnaud JAURÈS
ARNAUD va se retrouver sous les ordres de la belle et redoutable Agnès KARADZIC, une directrice de la COMMUNICATION prête à tout pour faire gagner son candidat.
...MAIS DONC TU NE SAIS RIEN FAIRE EN FAIT !
BEN...
Alexandra LAMY, impériale
ARNAUD fantasme pas mal sur son impitoyable boss et subit l'influence sournoise de DANIEL, un conseiller un peu louche et libidineux qui s'efforce de le détourner du droit chemin.
LA FRANCE, ARNAUD, ÇA T'INTÉRESSE ?
EUH...
Philippe KATERINE en mode matois
Le jeune homme va être ballotté entre les différents candidats (qu'AGNÈS va trahir les uns après les autres) et subira un véritable "dépucelage politique".
LA FRANCE ELLE ATTEND QUE ÇA, PASCAL ! QUE TU LA PRENNES ET QUE TU LUI METTES SON TARIF !
AH BON ?
DITES DONC, VOUS AVEZ UN RAPPORT TRÈS LIBIDINAL À VOTRE PAYS...
Gilles COHEN, génial en candidat assailli par une crise de doute existentiel
Pour finir, ARNAUD, déniaisé et aguerri, se rend à l'ÉLYSÉE pour une entrevue nocturne avec la présidente de la République avant de quitter le palais dans un majestueux plan large sur la cour d'honneur.
SPOIL !
musique grave et majestueuse (signée Nicolas REPAC)
BON, LE SEUL SOUCI C'EST POUR LE PALAIS DE L'ÉLYSÉE.
ON PEUT TOURNER LA SÉQUENCE À LA PRÉFECTURE DU GARD MAIS ÇA VA ÊTRE MOINS CRÉDIBLE.
SI TU VOIS CE QUE JE VEUX DIRE.
MAIS BON J'AI UN PLAN.
pastis

Mon plan c'est que peu après la Présidentielle (la vraie), le magazine LE POINT a décidé de publier un numéro spécial consacré au nouveau président (qualifié alors de "JUPITÉRIEN").
Le Point
BIN, ÇA ALORS...
Mon éditeur m'a écrit aussitôt pour que je jette un oeil au bas de la page 61...
rester enfermé dans la province française, ... iens, ou j'ai grandi. Je ne voulais pas être enfermé ... Ena, je ne voulais pas être enfermé dans la banque d... aires. Et je ne veux pas être enfermé dans le mond... e », martèle Emmanuel Macron. Tout au long ... cette campagne comme tout au long de sa vie, le candidat s'est offert des échappatoires. Par la lecture, d'abord. « L'histoire mondiale de la France » (Seuil), ouvrage publié sous la direction du médiéviste Patrick Boucheron, l'a « beaucoup aidé ». Le « Journal » de Maurice Garçon, l'a accompagné sur les routes, comme la bande dessinée de Mathieu Sapin « Cinq années dans les pattes de Depardieu » : « J'adore les BD et Gérard Depardieu, c'est un personnage attachant. » Mais les vrais moments d'évasion, il les a trouvés lors de joyeux dîners organisés avec ses amis du
en campagne, elle peut être
LA VOILÀ LA SOLUTION...
Ni une ni deux, je demande à une journaliste politique de ma connaissance de me donner le téléphone de MACRON.
TIENS, TU DIS PAS QUE C'EST MOI QUI TE L'AI DONNÉ.
NON, NON, T'INQUIÈTE.
METRO
St-Germain-des-Prés
Et TAC ! J'écris un petit message au P.R.* pour le remercier de ce coup de pub inattendu.
ZOU !
UN PEU D'HUMOUR NE FAIT PAS DE MAL.
* P.R. : président de la République
Puis j'attends.
Pas très longtemps en vérité.
E. Macron
Pas de quoi. Vous travaillez sur un nouveau projet ?
Oui. Je prépare une BD sur RACINE.
Le dramaturge
Et aussi je me prépare à tourner mon premier long-métrage.
E. Macron
Formidable. Ça parle de quoi ?
C'est une comédie sur une élection présidentielle ! -)
(Fictive, je précise)
HA HA HA ! J'ADORE LES PLANS QUI SE DÉROULENT SANS ACCROCS.
AU PROCHAIN MESSAGE JE LUI DEMANDE SI CE SERAIT POSSIBLE DE TOURNER MA SÉQUENCE À L'ÉLYSÉE...

E.macron
Vous pensez que ce serait possible d'organiser un dîner avec Gérard Depardieu ?
J'AVAIS PAS PRÉVU ÇA.
MERDE ALORS.
Je vais voir avec Gérard et je vous tiens au courant.
texto qui ne mange pas de pain pour gagner du temps
Ma longue expérience politique m'a appris qu'il n'est jamais bon de jouer les intermédiaires. Surtout entre deux animaux comme ceux-là.
BON, AUTANT CHERCHER UNE AUTRE SOLUTION TOUT DE SUITE.
Je décide donc de passer par la voie officielle et je sollicite une entrevue avec Sibeth NDIAYE, la directrice PRESSE & COMMUNICATION de l'Élysée.
Moi qui PENSAIS NE PLUS FRANCHIR CE PORTAIL DE SITÔT...
Je connais bien ce bureau. C'est celui qu'occupaient les deux précédents directeurs de la communication.
Christian GRAVEL
Gaspard GANTZER
C'EST MARRANT, LA DÉCO A CHANGÉ...
ALORS VOUS AURIEZ BESOIN DE TOURNER OÙ EXACTEMENT ?
L'IDÉAL SERAIT DE POUVOIR FAIRE DES PLANS DANS LA COUR, DANS LE HALL ET L'ESCALIER D'HONNEUR, ET AUSSI LE VESTIBULE DU PREMIER ÉTAGE ET LE SALON D'ATTENTE...
SI CE N'EST PAS TROP DEMANDER BIEN SÛR...
MMM
prend des notes, impassible

ELLE N'A PAS L'AIR DE SAUTER AU PLAFOND. C'EST LE MOMENT DE CHARGER LA BARQUE.
... ET AUSSI PEUT-ÊTRE ON POURRAIT TOURNER DANS LE BUREAU PRÉSIDENTIEL ?
HUM !
ÇA C'EST SÛR QUE NON.
OK.
ET SINON, J'AI OUBLIÉ DE LE PRÉCISER MAIS LE PRÉSIDENT ME CONNAÎT.
IL A LU MES BD !
MMM
elle s'en fout
BON.
POUR LA DATE JE NE PEUX PAS VOUS DIRE MAIS DE TOUTE FAÇON, SI ÇA SE FAIT, CE SERA À UN MOMENT OÙ LE PRÉSIDENT N'EST PAS LÀ. QUESTION DE PROTOCOLE.
BIEN SÛR.
Quelque chose me dit que je n'aurai jamais de nouvelles de ce côté.
GRMBLLL
Quelques jours plus tard j'apprends en parcourant l'agenda présidentiel qu'Emmanuel MACRON a prévu de s'exprimer prochainement devant le CONGRÈS au château de VERSAILLES (!).
?
macron à versailles
Ni une ni deux, je demande une accréditation au service de presse (c'est-à-dire à Sibeth NDIAYE).
CE SERA L'OCCASION DE VISITER LE CHÂTEAU DE VERSAILLES.
GRATOS !
HÉ HÉ !

La semaine suivante (le jeudi 3 juillet) je descends du RER à la station VERSAILLES RIVE GAUCHE direction le CHÂTEAU !
BIEN SÛR ÉVITONS LES RACCOURCIS DU TYPE MACRON = ROI SOLEIL...
C'EST JUSTE L'OCCASION DE FAIRE LA MISE EN ABYME AVEC RACINE, LOUIS XIV, VERSAILLES, TOUT ÇA...
Soleil de plomb
statue équestre de Louis XIV
Le château primitif
l'allocution a lieu ici, dans l'ancien Opéra royal, transformé en salle du Congrès sous NAPOLÉON III
des flics partout
le carré presse
C'est la première fois que je vois Emmanuel MACRON en vrai depuis le débat de l'entre-deux-tours.
VOYONS LA RÉALITÉ EN FACE...
LA POLITIQUE, ON LUI DEMANDE TOUT ET PARFOIS TROP.
Pendant 2 heures, Emmanuel MACRON développe son programme devant l'ensemble de son gouvernement, du SÉNAT et de l'Assemblée *.
François de RUGY (président de l'assemblée)
L'ACTION POLITIQUE N'A DE SENS QUE SI ELLE EST ACCOMPLIE AU NOM D'UNE CERTAINE IDÉE DE L'HOMME...
ON CRÈVE DE CHAUD.
POURQUOI JE SUIS VENU LÀ ?
* Sauf MÉLENCHON et les députés de la FRANCE INSOUMISE qui ont refusé de venir dans cet endroit un peu trop symbolique à leur goût.

Tout le monde écoute bien sagement. Même à la fin, personne ne sera autorisé à intervenir ou à poser des questions. C'est le discours de MACRON et c'est tout.
CAR, À LA FIN, NOTRE DÉMOCRATIE SE NOURRIT DE...
Type du service de presse
ON N'A MÊME PAS LE DROIT DE SORTIR POUR ALLER PISSER.
CHUT!
En plus, la cérémonie se passe dans un bâtiment annexe, loin du palais de Louis XIV.
MOI QUI ESPÉRAIS VOIR LA GALERIE DES GLACES OU LA CHAMBRE DU ROI...
Cela dit, à l'été 1662, RACINE aussi est très loin d'y mettre les pieds, à VERSAILLES.
son oncle l'a fait habiller de noir, fini les beaux habits à la mode
Il est inconnu, endetté jusqu'au cou et bloqué à UZÈS, un trou perdu où on ne parle même pas français.
De toute façon, à cette époque, VERSAILLES n'est encore qu'un simple pavillon de chasse amélioré où Louis XIV se rend de temps en temps pour taquiner le gibier ou batifoler avec Mlle de LA VALLIÈRE, la favorite du moment.
langue d'oc imbitable
De son côté, RACINE attend une hypothétique charge ecclésiastique que son oncle vicaire lui fait miroiter.
probablement toujours puceau
Hi! Hi!
RACINE n'est pas très chaud mais il n'a pas trop le choix et il se résigne à l'idée de se faire tonsurer et tout pour pouvoir être ordonné prêtre.
ENFIN LORSQUE LA NUIT A DÉPLOYÉ SES VOILES
LA LUNE AU VISAGE CHANGEANT
PARAÎT SUR UN TRÔNE D'ARGENT
TENANT CERCLE AVEC LES ÉTOILES.
LE CIEL EST TOUJOURS CLAIR TANT QUE DURE SON COURS.
ET NOUS AVONS DES NUITS PLUS BELLES QUE VOS JOURS.
HA HA! PAS MAL LA FORMULE!
Il écrit à son cousin VITART (et à sa femme). C'est le début du séjour et il essaye de positiver.

Au début, RACINE est plein de bonne volonté.
ON M'A DIT : "SOYEZ AVEUGLE". SI JE NE PEUX L'ÊTRE TOUT À FAIT, IL FAUT DU MOINS QUE JE SOIS MUET.
CAR VOYEZ-VOUS, IL FAUT ÊTRE RÉGULIER AVEC LES RÉGULIERS, COMME J'AI ÉTÉ LOUP AVEC VOUS ET LES AUTRES LOUPS VOS COMPÈRES...
il écrit presque toutes les semaines à LA FONTAINE et à LE VASSEUR
Il essaye d'être vertueux.
TOUTES LES FEMMES ICI SONT ÉCLATANTES ET S'Y AJUSTENT D'UNE FAÇON QUI LEUR EST LA PLUS NATURELLE DU MONDE.
ET POUR CE QUI EST DE LEUR PERSONNE : COLOR VERUS, CORPUS SOLIDUM ET SUCCI PLENUM ! *
HI HI
lettre à LE VASSEUR
* "Un teint naturel", un corps ferme et plein de sève.
Même si, au début, c'est pas facile.
FAIS VOIR SI ELLES SONT TOUJOURS LÀ LES COQUINES...
Mais les autorisations pour devenir prêtre tardent à arriver.
là, il accompagne l'évêque dans sa tournée d'inspection dans les environs d'UZÈS
RACINE s'ennuie pas mal. Il étudie la théologie, il tente de suivre l'actualité (le procès FOUQUET, les révoltes de paysans en BRETAGNE, la naissance du dauphin)...
HA HA ! CETTE ODE DE PERRAULT POUR LA NAISSANCE DU DAUPHIN EST NULLE !
PAS INSPIRÉE DU TOUT.
la gazette
ST-THOMAS (l'intégrale)
Mais, en vrai, il se sent pris au piège et commence à désespérer.
PFFF
chaleur à crever
KRIII KRIIII KRIII KRIII KRIII KRIII KRIII
bruit insupportable des cigales
Dans son isolement, sa seule joie consiste à lire et relire OVIDE, son auteur préféré.
IL EST FORT LE COCHON...
les HÉROÏDES d'OVIDE
OVIDE était le plus grand poète de son temps avant de connaître la disgrâce et l'exil. Du coup, RACINE s'identifie à mort.
NAN, MAIS ÇA VA, J'AI DU RECUL QUAND MÊME...
(Soupir)
ARF.

19 septembre 2017, vestibule d'honneur du palais de l'ÉLYSÉE.
Apparemment, Emmanuel MACRON n'a pas été trop vexé que je ne donne pas suite à sa proposition de dîner avec DEPARDIEU, et mes producteurs ont finalement obtenu l'autorisation de tourner les scènes de mon film au palais...
OK, SILENCE S'IL VOUS PLAÎT, MOTEURS DEMANDÉS...
ET... ACTIOOON!
CHUUUT
ELLE EST LÀ, ALEXANDRA LAMY ?
NAN, JE CROIS PAS.
officiers de sécurité
Seule condition : que le président ne soit pas là (question de sécurité). La date retenue correspond donc à son départ pour le G20 à WASHINGTON
MONSIEUR JAURÈS ?!
OUI ?
comme l'équipe doit être la plus restreinte possible c'est JEAN-LOUIS, mon premier assistant, qui joue le garde républicain.
Finnegan OLDFIELD
LA PRÉSIDENTE VOUS ATTEND.
On a trois heures, pas une minute de plus, pour tout mettre en boîte.
COUPEZ !!
ELLE EST BONNE !

Le hasard du calendrier fait que la date annoncée par l'ÉLYSÉE est aussi celle du premier jour de tournage. On va donc commencer en tournant la fin en premier.
MAINTENANT ON VA FAIRE LA SCÈNE DU SELFIE DEVANT LE PORTRAIT DE DE GAULLE.
ALLEZ, ON SE MET EN PLACE, ON PERD PAS DE TEMPS !
Jean-Louis remet sa casquette "PREMIER ASSISTANT"
Ça fait quand même un peu bizarre de tourner à l'Élysée.
VOILÀ, TU TE METS DEVANT LE PORTRAIT, COMME ÇA, ET TU FAIS COMME SI TU PRENAIS UN SELFIE.
OK.
Dans le lieu du Pouvoir par excellence...
Ou plutôt dans l'ANTICHAMBRE du pouvoir puisque le bureau présidentiel ne nous a pas été ouvert (faut pas exagérer).
TU VOIS, T'ES ARRIVÉ JUSQUE-LÀ, T'ES À L'ÉLYSÉE, TU VAS PARLER À LA PRÉSIDENTE DE LA RÉPUBLIQUE. T'ES SUPER IMPRESSIONNÉ...
IL FAUT QU'ON RESSENTE TOUT ÇA QUAND TU PRENDS TON SELFIE, TU VOIS ?
OK, OUAIS.
Orson WELLES en pleine action
le bureau d'Emmanuel MACRON est juste derrière ce mur

Cette impression de vrai et de faux pouvoir est renforcée par la présence de Gaspard GANTZER, ancien directeur de la communication de François HOLLANDE...
OK ON VA POUVOIR Y ALLER.
OK MOTEURS DEMANDÉS...
ÇA TOURNE !
C'est la première fois qu'il remet les pieds au palais depuis le changement de présidence
Comme je cherchais quelqu'un de crédible pour jouer un conseiller je lui ai proposé le rôle et à ma grande surprise il a accepté.
ACTION !
Après tout il a du temps à présent.
Ce portrait ainsi que ceux de POMPIDOU et de MITTERRAND ont été retirés deux semaines après le tournage. Il paraît que Brigitte MACRON en avait marre de les voir.
Pour accentuer cette sensation de vrai/faux, j'ai fait appel à de véritables journalistes qui jouent lors des séquences de plateaux TV...
...ÇA N'IMPRIME PAS ! ON A L'IMPRESSION QUE LES CANDIDATS DE CETTE PRIMAIRE ONT TOUS LES PIEDS DANS LE MÊME SABOT.
OUI MAIS, ALORS JUSTEMENT ...
OUI CAR ...
plateau FRANCE 3
Grégoire BISEAU (LIBÉRATION)
Bruce TOUSSAINT
Elizabeth PINEAU
Les scènes de visites d'usine ou de meetings sont tournées dans les mêmes lieux que ceux qui ont servi pour la présidentielle.
IL Y A COMBIEN DE PLACES EN TOUT ?
VINGT MILLE. ON A REÇU MONSIEUR MÉLENCHON IL Y A TROIS MOIS POUR SA CAMPAGNE.
AH OUI, QUAND MÊME...
L'ARENA de MONTPELLIER
Et pour préparer les comédiens on est même allés rencontrer de véritables personnalités politiques.
HAMON, IL EST VENU ME VOIR À L'ÉLYSÉE AU MOMENT DE LA PRÉSIDENTIELLE. JE LUI AI DONNÉ DEUX CONSEILS : "RASSEMBLE TA FAMILLE POLITIQUE" ET "ARRÊTE DE PORTER TON CABAN".
IL N'A ÉCOUTÉ AUCUN DES DEUX ET IL A FAIT LE SCORE QU'ON CONNAÎT.
HA ! HA !
HA HA
Dans les nouveaux bureaux de François HOLLANDE rue de Rivoli. Lui aussi il a du temps maintenant...
Gilles COHEN qui va jouer un candidat à la présidentielle
Noé DEBRÉ, scénariste
EST-CE QU'IL EXISTE DES GENS QUI NE SONT VRAIMENT PAS À LEUR PLACE DANS UNE ÉQUIPE DE CAMPAGNE ?
HMM... IL PEUT Y AVOIR DES CONS.
DES CONS UTILES...
HA HA !
ON PEUT AVOIR DES NOMS ?

Le témoignage de Nathalie KOSCIUSKO-MORIZET, notamment, me sera très utile.
ON NE VA PAS SE MENTIR : LA PLUPART DES POLITIQUES ONT DES PSYCHOPATHOLOGIES LOURDES.
OK.
salle de réunion de son QG
peau de bête
transat pour faire cool
pas du tout pratique pour s'asseoir
Marina Foïs
J'AI PAS DIT QUE JE NE ME METTAIS PAS DEDANS, HEIN !
... ET CONCERNANT INTÉRÊT PUBLIC ET INTÉRÊT PRIVÉ, COMMENT FAITES-VOUS LA PART DES CHOSES ?
MMM...
QU'EST-CE QUI VIENT EN PREMIER ?
Elle réfléchit un moment puis me livre cette étrange réflexion.
UN VRAI POLITIQUE N'A PAS D'INTÉRÊT PRIVÉ EN TANT QUE TEL. IL S'INVESTIT JUSQU'À S'IDENTIFIER À L'INTÉRÊT GÉNÉRAL.
AH OK.
CARRÉMENT.
IL Y A COMME UNE DÉPOSSESSION. ON PEUT Y VOIR COMME UNE SORTE DE FOLIE...
OK, JE VOIS.
Quelques jours plus tard, me voici de retour à MONTPELLIER pour la suite de mon tournage.
BON, ILS SONT OÙ LES ACTEURS ? JE VEUX TOUT LE MONDE SUR LE PLATEAU DANS 5 MINUTES !
À NOUS DEUX, FRANCIS FORD COPPOLA...
Script
Le soir, je prends un moment pour envoyer un texto de remerciement à MACRON pour nous avoir permis de tourner à l'Élysée.
PAS DE RÉPONSE.
BIZARRE.
dans mon hôtel ***
Je finis par apprendre que le président a changé de numéro car un journaliste s'est fait voler son téléphone portable et que le numéro de MACRON a été divulgué sur Internet.
C'EST MALIN.

ET COMMENT JE FAIS MAINTENANT SI JE VEUX CONTACTER LE PRÉSIDENT ?
NON PAS QUE J'AIE L'INTENTION DE FAIRE UNE BD SUR LUI NI RIEN, MAIS BON...
SAIT-ON JAMAIS ?

3

COMÉDIE FRANÇAISE

Printemps 1663. RACINE est de retour à PARIS. Sa carrière ecclésiastique est au point mort et il est toujours aussi endetté mais qu'importe, il retrouve les bonnes vieilles habitudes et recommence à faire le joli cœur dans les salons.
VOUS ÊTES ?
JEAN RACINE, JE SUIS UN AMI DE MONSIEUR CHAPELAIN QUI M'A DIT QUE...
hôtel du marquis de LIANCOURT, c'est ici que les affaires se font
Joe l'incruste
rue de SEINE
Le grand sujet du moment est la santé du roi : Louis XIV se remet à peine d'une mauvaise rougeole qui a bien failli l'emporter. Ses jours ne sont plus comptés mais l'émoi a été vif.
...HEUREUSEMENT LES PURGES ET LES SAIGNÉES À RÉPÉTITION DU SIEUR VALLOT ONT FINI PAR AVOIR RAISON DE CETTE MÉCHANTE FIÈVRE...
OUI, SA MAJESTÉ MANGE À NOUVEAU DES VIANDES SOLIDES M'A-T-ON DIT.
DIEU SOIT LOUÉ.
EUH, OUI, DIEU SOIT LOUÉ !
Le duc François de LAROCHEFOUCAULD est le neveu du marquis de LIANCOURT. Il habite ici.
Jean CHAPELAIN
tous ces gens sont jansénistes (ou sympathisants tout du moins)
RACINE compte énormément sur Jean CHAPELAIN pour faire son entrée dans le monde des lettres.
ET SINON, EST-CE QUE JE VOUS AI PARLÉ DU GRAND PROJET QUE J'AI EXPOSÉ À COLBERT POUR "RÉPANDRE ET MAINTENIR LA GLOIRE DE SA MAJESTÉ" ?
?
?
HEIN ? QUOI ? QUEL PROJET ?

Le "grand projet" évoqué par CHAPELAIN est la création de la PETITE ACADÉMIE, une société de poètes et de scientifiques parrainée par COLBERT et rémunérée par le roi.
LE SIEUR MOLIÈRE EN FAIT PARTIE. IL PARAÎT QU'IL VA TOUCHER 1000 Livres PAR AN.
WHAT !?!
...ET LE SIEUR CORNEILLE, 2000.
DESPRÉAUX (Nicolas BOILEAU de son vrai nom), un écrivain à la mode que L'abbé LE VASSEUR lui a présenté
Une première liste comportant les grands noms du moment vient d'être publiée...
1000 Livres PAR AN ! LA VACHE !
Hi Hi Hi
TIENS, MONSIEUR MOLIÈRE EST LÀ-BAS JUSTEMENT. ALLONS LUI PARLER.
énorme star
Il est aussi question d'une deuxième liste qui devrait être publiée bientôt. RACINE se creuse le ciboulot pour trouver un sujet lui permettant d'y figurer.
HAHA !
IL FAUT QUE J'EN SOIS !
Pendant ce temps, enfermé dans une des tours de la BASTILLE, FOUQUET tente d'organiser sa défense. Avec un mélange de suie et de salive il écrit des messages pour des proches sur des manches de chemises...
PARIS
non loin de là, dans le nord de la ville, les nobles dames de la cour se pressent chez la VOISIN, une sorcière qui fabrique philtres d'amour et poisons (et pratique aussi les avortements)
au LOUVRE le roi recommence à manger de bel appétit.
BURP !
Tour de NESLES
rue de la Ha
pont des Tuileries
rue du Bac
abbaye St-Germain des-Prés
au théâtre du PALAIS-ROYAL, Molière cartonne depuis 5 mois avec L'ÉCOLE des FEMMES
hôtel de LIANCOURT

Mais oui ! La voilà la solution !
Je vais écrire une ode au rétablissement du roi !
Trop bonne idée !
Ni une ni deux, RACINE s'enferme dans sa chambre et se met au boulot.
Cette fois-ci on dirait que ça marche.
...À propos de votre affaire, j'ai fait lire votre ode à Monsieur Colbert. Il a semble-t-il donné son accord.
Son accord ? Vous voulez dire que...
500 000 personnes habitent à PARIS, c'est la deuxième plus grosse ville du MONDE (après PÉKIN)
Vous êtes admis à la petite académie mon ami, en effet.
Quelle heureuse nouvelle ! Grâce vous soit rendue Monsieur Chapelain !
Yes !
Allons, allons...
Dans sa grande générosité Monsieur Colbert a fixé une prime de 600 livres que le Roi vous versera à compter de l'année prochaine.
C'est beaucoup, monseigneur !
Mais c'est moins que Molière...
Bon, en même temps, c'est un petit peu normal...
Rue MOUFFETARD
certains solitaires jansénistes sont obligés de se cacher pour éviter les persécutions
jardin royal
St Étienne
palais d'orléans - rue de Luxembourg
En ce moment, RACINE squatte chez son cousin, dans le nouvel hôtel de LUYNES, du côté de la rue SAINT-GUILLAUME.
Vous le méritez jeune homme. Le Roi, dans sa grande clairvoyance, sait reconnaître le talent.
Bien sûr...
Adieu, monsieur.
Mais euh...
Vous voulez dire... que le Roi a lu mon ode ?
Certainement, monsieur.
C'est peu probable
My God !

* Ami du roi, vétéran de guerre et protecteur des ARTS, membre de l'Académie française.

Molière aussi est présent ce jour-là au lever du roi
ALORS ? ÇA S'EST BIEN PASSÉ ?
OUI !
c'est un des chouchous de Louis XIV
IL EST AIMABLE, N'EST-CE PAS ?
MAIS TELLEMENT !
La conversation s'engage et les deux hommes sympathisent.
VOUS VOILÀ À DEMI COURTISAN, MON AMI !
ALLONS FÊTER ÇA AU CABARET.
JE VEUX BIEN...
ET SINON VOUS TRAVAILLEZ SUR QUOI EN CE MOMENT ?
Ça ne se voit pas comme ça mais Molière est bien stressé. Il vient de se faire interdire son TARTUFFE et il a absolument besoin d'une nouveauté pour assurer la saison.
Quelques mois plus tard (le vendredi 20 juin 1664), la troupe de Molière présente en exclusivité dans la salle du Palais-Royal la première tragédie de Racine.
"AH ! MADAME, RÉGNEZ ET MONTEZ SUR LE TRÔNE, CE HAUT RANG N'APPARTIENT QU'À L'ILLUSTRE ANTIGONE".
Son titre : La THÉBAÏDE
RACINE est content mais un truc le chiffonne.
"AH ! C'EST M'ASSASSINER QUE ME SAUVER LA VIE..."
MAIS, EUH... IL EST OBLIGÉ DE HACHER TOUTES LES PHRASES COMME ÇA, CRÉON !?
ÇA VA PAS DU TOUT...
LA GRANGE est la vedette de la troupe
Idéalement, RACINE aurait préféré créer sa pièce avec la troupe concurrente de L'HÔTEL DE BOURGOGNE qui était plus classe et mieux cotée pour la tragédie.
"LA FOUDRE VA TOMBER, LA TERRE EST ENTROUVERTE, JE RESSENS À LA FOIS MILLE TOURMENTS DIVERS, ET JE M'EN VAIS CHERCHER DU REPOS AUX ENFERS."
NAN, EN FAIT, C'EST SUPER.
OU PAS ?
J'EN SAIS RIEN, EN FAIT.
Molière qui se demande comment il va rentrer dans ses frais
Ça n'aurait sans doute pas été pire car le soir de sa première LA THÉBAÏDE fait un gros bide.
BRAVO
salle à moitié vide
BRAVO !
MOUAIF.
BON.
HOU !
C'EST PAS GAGNÉ...

Le public est de moins en moins nombreux chaque soir et, après une dizaine de représentations, la troupe du PALAIS-ROYAL décide d'arrêter les frais.
...PEUT-ÊTRE QUE C'EST LA DATE DE SORTIE QUI N'ÉTAIT PAS IDÉALE...
EN JUIN, LES GENS, ILS ONT PLUTÔT ENVIE DE VOIR DES COMÉDIES... NON ?
MOUI...
C'EST PAS PROUVÉ...
RACINE se rassure en écoutant les multiples explications censées justifier un tel échec.
LE BOUCHE-À-OREILLE N'A PAS EU LE TEMPS DE S'INSTALLER...
ET LE FAIT QU'AUCUN GAZETTIER NE SOIT VENU À LA PREMIÈRE, FORCÉMENT ÇA N'A PAS AIDÉ...
AH OUI ?
Mais quand même...
ET LE TITRE N'EST PAS SUPER...
"LES FRÈRES ENNEMIS" ÇA SONNE MIEUX, NON ?
ET L'AFFICHE N'ÉTAIT PAS EXTRA. LA TYPO ÉTAIT UN PEU GRASSE, NON ?
IL PARAIT QUE DESPRÉAUX A DIT UN TRUC PAS TRÈS SYMPA DANS UNE DE SES SATIRES.
MOLIÈRE
LA GRANGE
AH BON ?
Ça reste un coup dur.
J'AURAIS DÛ FAIRE UNE COMÉDIE. ÇA MARCHE MIEUX LES COMÉDIES.
MAIS C'EST MOINS CLASSE.
Pourtant, malgré les faibles entrées de LA THÉBAÏDE, MOLIÈRE lui renouvelle sa confiance et lui commande une nouvelle tragédie.
ÇA VA ÊTRE GRANDIOSE !
ON VA LEUR MONTRER À CEUX DE L'HÔTEL DE BOURGOGNE !
OUAIS !
Le PILORI des HALLES près du cimetière des INNOCENTS est toujours là. Le bourreau habite juste en dessous. Le type en haut avec la tête coincée dans une planche de bois est probablement un valet condamné pour insolence.

En juillet on dirait que le ciel s'éclaircit pour RACINE : LA THÉBAÏDE est jouée à FONTAINEBLEAU devant le roi et sa cour...
ça se passe dans les jardins, on est en été
VOTRE ALTESSE...
C'est MOLIÈRE qui présente la pièce (qui sera suivie de l'une de ses propres créations : LA PRINCESSE D'ÉLIDE)
le roi
la reine
grosse pression
le duc de SAINT-AIGNAN est fan de la pièce de RACINE
le père ANNAT, confesseur du roi, (il a fait pression pour interdire LE TARTUFFE et attend MOLIÈRE au tournant)
Louise de LA VALLIÈRE la favorite du roi. (et accessoirement demoiselle d'honneur de la princesse Henriette d'ANGLETERRE)
...et fin août MOLIÈRE présente la pièce devant Monsieur, le frère du roi. RACINE n'a jamais vu autant de princes et de princesses.
ça se passe dans les jardins du château de VILLERS-COTTERÊTS la résidence d'été de Monsieur, le frère du roi
MONSEIGNEUR... MADAME...
ELLE M'A REGARDÉ OU JE RÊVE ?
Philippe d'ORLÉANS, le frère du roi. Il est connu pour son ardeur au combat, mais pas que. Il paraît qu'il aime les garçons (!)
Henriette, sa femme, est connue pour être une grande protectrice des arts. C'est la sœur du roi d'ANGLETERRE.
On peut supposer que LA THÉBAÏDE a plu au roi car le mois suivant, RACINE reçoit les 600 Livres de gratification royale.
AH OUI, ÇA FAIT BEAUCOUP D'ARGENT...
RACINE va enfin pouvoir payer ses dettes d'autant que MOLIÈRE lui a aussi remis sa part sur les entrées de LA THÉBAÏDE. Pour marquer le coup, il lui offre également une petite bourse brodée de fil d'argent.
VOILÀ POUR VOUS, MON BON AMI.
M... MERCI.
QU'EST-CE QUE JE VAIS FAIRE DE TOUT CE POGNON ?
Armande BÉJART, la copine de MOLIÈRE
RACINE est en train de passer tranquillement du statut de jeune auteur inconnu à celui de valeur montante. On commence à parler de lui.
MOLIÈRE compte plus que jamais sur RACINE car LE FESTIN DE PIERRE (DOM JUAN), sa nouvelle pièce, vient d'être interdite par les censeurs elle aussi

Pendant qu'il fait le joli coeur devant les grands de ce monde, la purge continue à PORT-ROYAL et les jansénistes sont plus persécutés que jamais.
EH BIEN, MON COUSIN, PARLEZ-MOI UN PEU DE VOTRE NOUVELLE PIÈCE. OÙ EN ÊTES-VOUS ?
J'AVANCE À GRANDS PAS, MON COUSIN.
J'AI PRESQUE TERMINÉ L'ACTE IV.
RACINE et son cousin reviennent de MEAUX où ils sont allés rendre discrètement visite à la mère supérieure de PORT-ROYAL en exil
RACINE est sans doute désolé pour eux mais, soucieux de ne pas trop la ramener sur le sujet, il met en veilleuse ses liens avec PORT-ROYAL.
C'EST UNE PIÈCE TRÈS AMBITIEUSE QUI A POUR THÈME LA GÉNÉROSITÉ DU ROI.
LA GÉNÉROSITÉ DU ROI ? EUH... TRÈS BONNE IDÉE !
le cousin VITART
Les affaires commencent à marcher pour lui, ce n'est pas le moment de tout gâcher. Et puis RACINE a une oeuvre à écrire, bordel !
ÇA VA S'APPELER ALEXANDRE LE GRAND !
PAS MAL !
ÇA CLAQUE, HEIN ?
Ça tombe bien, le ministre COLBERT a plein d'idées pour stimuler l'imagination des artistes du pays (et assurer la communication royale en même temps).
L'IDÉE C'EST DE SOULIGNER LE PARALLÈLE ENTRE NOTRE BON ROI ET L'ILLUSTRE ALEXANDRE.
JE ME SUIS APPUYÉ SUR UN TEXTE DE QUINTE-CURCE QUI RACONTE LA CONQUÊTE DE L'ASIE PAR ALEXANDRE...
JE VOIS.
L'ÉPISODE OÙ ALEXANDRE, DANS SA GRANDE MAGNIFICENCE, ÉPARGNE SON ENNEMI, SURTOUT. C'EST SUPERBE.
En gros, il s'agit de glorifier au maximum Louis XIV en s'appuyant sur des grandes figures de l'histoire ou de la mythologie.
COMME LOUIS XIV MÈNE EN CE MOMENT MÊME UNE SÉRIE DE CAMPAGNES VICTORIEUSES EN FLANDRES ET EN LORRAINE JE ME SUIS DIT QUE LE PARALLÈLE ÉTAIT PLUTÔT BIEN VU !
EN EFFET...
Comme par exemple JUPITER ou ALEXANDRE LE GRAND.
J'ESPÈRE QUE ÇA PLAIRA AU PUBLIC.
J'EN SUIS CERTAIN, MON COUSIN.
le grand Châtelet
ET AU ROI AUSSI.
ET AU ROI, SURTOUT !

Cette fois RACINE s'y prend mieux pour faire monter le buzz autour de sa nouvelle pièce.
NOUS VOUS ÉCOUTONS MONSIEUR RACINE...
OUI...
il s'est payé une méga-perruque pour faire comme tout le monde (c'est le même modèle que Louis XIV)
Il peaufine son texte et développe son petit réseau en courant les salons pour lire des extraits d'ALEXANDRE LE GRAND en avant-première.
"LES BEAUX YEUX D'AXIANE... REINE DE TOUS LES COEURS, ELLE MET TOUT EN ARMES POUR CETTE LIBERTÉ QUE DÉTRUISENT SES CHARMES..."
HANN...
HiHi
OOOOH...
♫
Le salon GUÉNÉGAUD à l'hôtel de NEVERS est l'un des plus courus. On y croise :
Madame de LA FAYETTE, le marquis de POMPONNE, le duc de LAROCHE-FOUCAULD, la marquise de SÉVIGNÉ, etc.
petit roturier de rien du tout
Il s'assure certains soutiens et répond à ses premiers détracteurs (c'est toujours bon d'avoir des détracteurs) dans la préface de LA THÉBAÏDE qu'il vient de faire imprimer à grands frais.
MA PREMIÈRE PIÈCE IMPRIMÉE ÇA FAIT QUELQUE CHOSE...
HEY, MONSEIGNEUR ! UNE TITE PIÈCE POUR UN PAUVRE GARS QUI A FAIT LA CAMPAGNE DE LORRAINE...
LIBRAIRE
rue St-Jacques
Avec CORNEILLE, le fayotage marche moyen...
SI J'ÉTAIS VOUS, J'ARRÊTERAIS LE THÉÂTRE. CONTINUEZ DANS LA POÉSIE, VOUS AVEZ DES CAPACITÉS.
AH BON ?
!?
WHAT !?
Légende vivante. À 58 ans, c'est le Zinédine ZIDANE de la tragédie. Il avait tué le game il y a 20 ans en triomphant avec LE CID et a publié plusieurs manuels d'écriture théâtrale qui font autorité.
MAIS POUR QUI IL SE PREND CE VIEUX CON ?!!!
Pour le reste, tout marche comme sur des roulettes et le jour de la première (fin décembre 1664) ALEXANDRE LE GRAND fait un tel carton au PALAIS-ROYAL que Louis XIV demande à voir la pièce au plus vite.
MAIS LE ROI A UNE DEMANDE UN PEU PARTICULIÈRE...
IL VOUDRAIT QUE VOTRE PIÈCE SOIT JOUÉE POUR LUI PAR UNE TROUPE.
AH ?
c'est le duc de SAINT-AIGNAN qui fait passer le message
RACINE est en train de devenir hype.
CELLE DE L'HÔTEL DE BOURGOGNE EST BIEN PLUS INDIQUÉE POUR LA TRAGÉDIE, VOUS EN CONVIENDREZ.
EUH, BIEN.
COMMENT JE VAIS FAIRE POUR ANNONCER ÇA À MOLIÈRE, MOI ?

RACINE n'hésite pas longtemps et plante MOLIÈRE sans ménagement.
JE SUIS SÛR QU'IL AURAIT FAIT LA MÊME CHOSE À MA PLACE ...
c'est possible en effet
C'est plutôt bien joué car le roi ADORE la pièce et demande à la voir et à la revoir de nombreuses fois.
C'EST QUAND MÊME PAS DE MA FAUTE SI LE ROI PRÉFÈRE LES COMÉDIENS DE L'HÔTEL DE BOURGOGNE ...
ALEXANDRE LE GRAND au THÉÂTRE DU PALAIS ROYAL
ALEXANDRE LE GRAND au THÉÂTRE DE L'HÔTEL de BOURGOGNE
la pièce est jouée en même temps dans les DEUX théâtres (du jamais-vu)
Comme on peut l'imaginer, MOLIÈRE le prend très très mal. RACINE vient de se faire un nouvel ennemi.
MOLIÈRE qui sort de l'hôtel GUÉNÉGAUD avec un pote (DONNEAU de VISÉ ou autre)
Mais tout va bien puisque le roi est content.
HA HA !
VOILÀ POUR TOI, CORNEILLE !
RACINE prend la confiance et commence à prendre l'habitude de clasher avec ses détracteurs à coups de billets publics interposés
À partir du 29 décembre 1665, MOLIÈRE tombe gravement malade et la troupe du PALAIS-ROYAL est obligée de suspendre ses activités. RACINE s'en fout un peu.
MA DEUXIÈME PIÈCE IMPRIMÉE. ÇA FAIT QUELQUE CHOSE...
Il vient de faire imprimer son ALEXANDRE LE GRAND
La pièce est dédiée à ... Louis XIV tout simplement !

Décembre 2017. Le tournage de mon film est terminé et je suis en montage depuis deux mois. Si tout se passe bien LE POULAIN devrait sortir à la rentrée prochaine.
... Oui, ma sœur, j'ai vu votre ALEXANDRE. D'abord ce jeune éclat, qu'on remarque en ses traits, M'a semblé démentir le nombre de ses faits. Mon cœur plein de son nom n'osait je le confesse Accorder tant de gloire avec tant de jeunesse.
HA HA ! QUEL FAYOT CE RACINE !
METRO
CONSEIL D'ÉTAT
ALEXANDRE LE GRAND acte III, scène III
D'ici là je profite du temps qu'il me reste pour courir les rendez-vous et me promener dans PARIS...
La Défense
PALAIS-ROYAL MUSÉE DU LOUVRE
Mais de ce même front l'héroïque fierté, Le feu de ses regards, sa haute Majesté Le font bientôt connaître...
J'AI FAIM
... en lisant des pièces de RACINE.
Et certes son visage Porte de sa grandeur l'infaillible présage, Et sa présence auguste appuyant ses projets, Ses yeux comme son bras font partout des sujets.
COME ON !!
RACINE

7 décembre 2017, restaurant GÉGÉOR (pas très loin de la place PIGALLE).

* Jacques PILHAN et Gérard COLÉ, anciens conseillers en communication de François MITTERRAND.

** Yasmina REZA a écrit "L'AUBE, LE SOIR OU LA NUIT" sur la campagne de Nicolas SARKOZY en 2007.

* Par Bruno LE MAIRE, Gallimard.

C'EST COMME AVEC UNE FILLE : LA PREMIÈRE FOIS TU LUI FAIS UN PETIT SIGNE. LA DEUXIÈME FOIS, APRÈS TU VAS L'ABORDER...
C'EST MOI LA FILLE ?
EUH ...
IL Y A QUAND MÊME AUSSI CE TRUC DE NON-SEXUALITÉ QUI ÉMANE DE MACRON...
MAIS DU COUP, ÇA N'EXCLUT PERSONNE : HOMME, FEMME, TOUT LE MONDE PEUT ÊTRE SÉDUIT. PERSONNE NE SE SENT ÉCARTÉ.
CHIRAC, IL DÉGAGEAIT UNE HYPERSEXUALITÉ.
EN MEETING, T'AVAIS L'IMPRESSION QU'IL ALLAIT FAIRE L'AMOUR À TOUTE LA SALLE.
HA HA !!
En sortant du déjeuner, me sentant tel un nouveau Raymond DEPARDON, je décide d'écrire au secrétariat du président de la République...
JE VAIS ÉCRIRE LA LÉGENDE (NOIRE) DE MACRON !
HA HA !
UN TRUC IMPLACABLE ET SANS CONCESSION.
PAS COMME RACINE.
...qui finit par me répondre un bon mois plus tard pour me proposer un rendez-vous avec Emmanuel MACRON.
BINGO !
L'ennui c'est que, dans l'intervalle, j'ai aussi obtenu un rendez-vous avec l'incontournable Sibeth NDIAYE...
C'EST PAS GRAVE, J'IRAI DEUX FOIS À L'ÉLYSÉE DANS LA MÊME SEMAINE.
Mais, lors de mon entrevue avec Sibeth NDIAYE, voilà que j'apprends que mon rendez-vous de dans deux jours avec le président a été déprogrammé.
...OUI, IL Y A EU UN CHANGEMENT DANS L'AGENDA. MAIS DE TOUTE FAÇON J'ÉTAIS CONTRE CE RENDEZ-VOUS.
AH BON ?
QUAND J'EN AI ÉTÉ INFORMÉE J'AI DIT AU PRÉSIDENT QUE CE N'ÉTAIT PAS UNE BONNE IDÉE.
MAIS POURQUOI ?
ON A EU ÉNORMÉMENT DE DEMANDES DE GENS QUI VEULENT FAIRE DES SUJETS "EMBARQUÉS" SUR LE PRÉSIDENT. MAIS, POUR L'INSTANT, ON A TOUT REFUSÉ.
OK, MAIS MOI C'EST DIFFÉRENT, L'IDÉE C'EST JUSTE DE PARLER DE LA MISE EN SCÈNE DU POUVOIR.
C'EST MIEUX.

EN PLUS, LE FAIT QUE TU SOIS "ÉTIQUETÉ" HOLLANDE, C'EST QUAND MÊME UN PROBLÈME.
MAIS NON, JUSTEMENT !
COMME ÇA ON NE PEUT PAS ME SOUPÇONNER D'ÊTRE PRO-MACRON. ÇA DONNE PLUS DE VALEUR À MON PROPOS...
MOI, JE SUIS PRÊT À VOUS FAIRE LIRE LES PAGES, À FAIRE TOUTES LES MODIFS QUE VOUS ME DEMANDEREZ ET...
MOUAIF.
JE VAIS VOIR...
mec qui baisse son froc totalement
ET POUR CE QUI EST DES RENDEZ-VOUS AVEC LE P.R. DÉSORMAIS ÇA PASSERA PAR MOI.
BIEN SÛR !
En sortant du bureau de Sibeth NDIAYE je suis au moins sûr d'une chose...
CETTE PISTE NE DONNERA JAMAIS RIEN.
IL EST TEMPS DE PASSER AU PLAN B.
le bureau du plan B est tout là-haut
Sylvain FORT (mon plan B) est un très proche de MACRON. Présent pendant la campagne présidentielle, il est aujourd'hui conseiller "MÉMOIRE" du président.
CE QUI M'INTÉRESSE C'EST D'EXPOSER LES CHOSES SOUS UN ANGLE DIFFÉRENT. MONTRER L'HUMAIN.
OUI, C'EST UNE BONNE IDÉE...
AVEC SES BONS ET SES MAUVAIS CÔTÉS...
OUI, OUI.
Conseiller "MÉMOIRE" ça veut dire qu'il s'occupe d'inscrire le mandat d'Emmanuel MACRON dans l'histoire de FRANCE (sacré programme !).
VOICI SOPHIE, QUI VA SE JOINDRE À NOUS.
BONJOUR.
BONJOUR.
il fait venir une jeune collaboratrice, c'est plutôt bon signe :)
Tout se passe au mieux et Sylvain FORT semble très intéressé par mon histoire de bande dessinée sur la "mise en scène du POUVOIR" (c'est comme ça que je lui vends le truc).
ÉCOUTE, LAISSE-MOI EN PARLER AU PRÉSIDENT (C'EST LUI QUI DÉCIDERA), MAIS JE NE VOIS PAS POURQUOI IL REFUSERAIT DE TE RENCONTRER.
OK SUPER !
ET S'IL EST OK, ON ORGANISE QUELQUE CHOSE APRÈS LE 15 JUILLET, QUAND L'ACTUALITÉ SERA PLUS CALME...
on est passés au tutoiement
C'ÉTAIT PAS SI COMPLIQUÉ FINALEMENT.

15 juillet 2018 : la FRANCE bat la CROATIE lors de la finale de la COUPE du MONDE.
ET BUUUT !
C'EST BIEN MAIS JE SUIS TOUJOURS SANS NOUVELLES DE SYLVAIN FORT POUR MA RENCONTRE AVEC MACRON...
J'ATTENDS DEUX OU TROIS JOURS QUE TOUT ÇA SE CALME ET JE LUI FAIS UN TEXTO POUR LE RELANCER...
Fin stratège
18 juillet 2018 : alors que je m'apprête à envoyer mon texto de relance, je reçois une alerte sur mon téléphone.
?
Le Monde
Un proche d'Emmanuel MACRON a été identifié sur des images de vidéosurveillance lors des affrontements du 1er mai à la CONTRESCARPE.
AH.
Du jour au lendemain, la victoire de l'équipe de FRANCE est balayée par ce qui allait devenir "l'AFFAIRE BENALLA".
"UN REPORTAGE SIGNÉ ARIANE CHEMIN."
TSSS... ELLE AURAIT PAS PU ATTENDRE UNE SEMAINE OU DEUX POUR BALANCER SON ARTICLE CELLE-LÀ AUSSI ?
La Fontaine
Inutile de préciser qu'à partir de cet instant je n'aurai plus du tout de nouvelles de Sylvain FORT malgré mes messages répétés.
"QUAND L'ACTUALITÉ SERA PLUS CALME". JE T'EN FICHERAIS, MOI !
BENALLA
BE NAL LA

Jeudi 22 août 2018. Les choses se présentent plutôt bien pour LE POULAIN.
Mon film est terminé depuis peu et a été sélectionné pour être présenté, hors compétition, au festival du film français d'ANGOULÊME.
...ET C'EST DONC AVEC UN TRÈS GRAND PLAISIR QUE NOUS VOUS PRÉSENTONS LE PREMIER FILM DE MATHIEU QUI EST, JE LE PRÉCISE, UNE COMÉDIE ET QUI, VOUS ALLEZ VOIR, RESSEMBLE FORTEMENT À LA RÉALITÉ...
LE POULAIN
la salle est pleine et le film est présenté en même temps dans deux salles voisines remplies elles aussi
Stéphane PARTHENAY producteur
Francis BOESPFLUG producteur
Géraldine MARTINEAU
Valérie KARSENTI
Finnegan OLDFIELD
Alexandra LAMY
je suis bien stressé mais dans un état second à cause du manque de sommeil donc ça va
cinéma CGR d'ANGOULÊME
L'accueil est enthousiaste et les premiers articles sont positifs.
VOILÀ, UN PETIT SOURIRE.
ALEXANDRA, DE CE CÔTÉ!
ALEXANDRA!
CLIC CLIC CLIC
CLIC
"photocall" dans les jardins de l'hôtel MERCURE
SI JE RENTRE LE BIDE, EST-CE QUE ÇA PERMETTRA DE DISSIMULER LE FAIT QUE JE ME SUIS EMPIFFRÉ PENDANT TOUT L'ÉTÉ?...
réponse: NON
La sortie nationale est prévue dans un mois, le 19 septembre. D'ici là, une promo intense à travers toute la FRANCE nous attend.
MATHIEU SAPIN, QU'EST-CE QUE VOUS AVEZ VOULU DIRE AVEC CE FILM?
EH BIEN, EUH...
VITE, TROUVER UN TRUC INTELLIGENT À DIRE...
Malgré toute cette agitation je choisis ce moment pour relancer Sylvain FORT dont je suis sans nouvelles depuis qu'a éclaté l'AFFAIRE BENALLA.
la rentrée n'a pas encore commencé et ce moment de calme relatif paraît pas trop mal choisi
JE VAIS LUI PROPOSER DE MONTRER LE FILM À MACRON...
ON VA VOIR COMMENT IL RÉAGIT.
BIP BIP
EH BIEN...
ALEXANDRA LAMY, QU'EST-CE QUE MATHIEU SAPIN A VOULU DIRE AVEC CE FILM?

* Sur la lutte contre les pesticides, le réchauffement climatique, etc.

Au milieu de toute cette confusion il y a quelqu'un qui semble beaucoup plus disponible (et qui a même l'air de s'intéresser à mon film).
HULOT EST UN ÉCORCHÉ. TOUTE CETTE HISTOIRE ÉTAIT MALHEUREUSEMENT PRÉVISIBLE...
C'EST ÉVIDENT.
HAHA!
MATHIEU, GOÛTEZ LE SAUCISSON CORSE, IL EST TRÈS BON.
EUH OUI.
Alexandra LAMY
la maison de Julie GAYET et François HOLLANDE à PARIS
Benjamin BIOLAY
Jean-Pierre JOUYET, ambassadeur de France au ROYAUME-UNI
Julie GAYET
On parle de politique.
LE PROBLÈME DE MACRON C'EST QU'IL N'EN FAIT QU'À SA TÊTE.
PERSONNE NE PEUT LUI PARLER. IL PENSE QU'IL EST MEILLEUR QUE TOUT LE MONDE ET QU'IL VA TOUT RÉGLER TOUT SEUL...
OUI IL PARAÎT...
Ça fait quand même un peu bizarre d'être là...
BON, ON PASSE À TABLE, ÇA VOUS DIT?
Ça c'est juste un cigare
EUH... OUI.
François HOLLANDE qui fait cuire des courgettes, j'avoue, j'étais pas préparé...
ALORS SINON, MATHIEU, TON FILM, ÇA SE PASSE BIEN?
EH BIEN, EUH...
HA HA.
HA HA.
QUAND EST-CE QU'ON VA POUVOIR LE VOIR?
VOUS... T...TU VEUX VENIR À L'AVANT-PREMIÈRE?
Jusqu'à présent je m'en suis toujours tenu au vouvoiement avec F. HOLLANDE. Passer au tutoiement me semble contre-nature mais bon...
Dix jours plus tard, quand la lumière s'allume après le générique de fin dans la grande salle du cinéma GEORGE-V, sur les CHAMPS-ÉLYSÉES, les spectateurs découvrent l'ancien président dans la rangée du milieu.
on m'a rapporté ce dialogue
ALORS, C'EST PAS MAL, HEIN?
HÉLAS OUI.
HA HA
CLAP CLAP CLAP CLAP CLAP CLAP CLAP CLAP CLAP CLAP CLAP CLAP
il y avait aussi Anne HIDALGO dans le public, mais il paraît qu'elle est partie avant la fin
Le jour de la sortie les choses se corsent.
SPECTACLE
LE POU
je n'aime pas trop l'affiche mais, pas le choix il faut faire avec
...À 11h30 TU AS L'ÉMISSION DE STÉPHANE BERN SUR RTL, ET APRÈS TU AS DEUX PRÉSENTATIONS AU MK2 BIBLIOTHÈQUE ET QUAI DE SEINE.
OK...
à bord d'un UBER je cours les interviews et les RDV en compagnie de LESLIE, l'attachée de presse (qui me parle des bons papiers mais se garde bien d'évoquer les mauvais)

La presse est relativement bienveillante (premier film oblige), mais la canicule sévit et les terrasses sont remplies.
31° (un 19 septembre)
BONSOIR, NOUS SOMMES TRÈS HEUREUX DE VOUS PRÉSENTER LE POULAIN QUI SORT DONC AUJOURD'HUI ET...
mk2
Très peu de gens dedans
plein de gens dehors
Les salles de cinéma, moins.
BON, SI VOUS AVEZ DES QUESTIONS...
HUM !
Finnegan OLDFIELD et Alexandra LAMY m'accompagnent
Quelques heures plus tard, tout le monde se retrouve chez le distributeur pour commenter les premiers résultats et tenter d'évaluer l'avenir du film.
BON, LES PREMIERS CHIFFRES NE SONT PAS TERRIBLES, MAIS IL FAUT ATTENDRE DE VOIR CE QUE LE FILM VA FAIRE EN PROVINCE...
ET PUIS LA PÉRIODE N'EST PAS FACILE.
DEPUIS CINQ MOIS LE MARCHÉ EST MOROSE.
JE ME DEMANDE FINALEMENT SI C'ÉTAIT LA BONNE AFFICHE POUR CE FILM...
AH BON ?
FAUT VOIR CE QUE VA DONNER LE WEEK-END. C'EST PLUTÔT UN FILM DE WEEK-END, NON ?
OUI OUI.
QUELQU'UN VEUT DES BIÈRES ?

Quoi qu'il en soit, mes producteurs ne semblent pas si refroidis puisqu'ils m'engagent le soir même pour un deuxième film...
VOUS ÊTES SÛRS ?
OUI ! D'AILLEURS VOICI UNE BONNE BOUTEILLE DE VIN. TU LA BOIRAS À NOTRE SANTÉ.
MERCI, FRANCIS.
C'EST PAS UNE BOURSE BRODÉE D'ARGENT MAIS C'EST TOUT COMME...
place de l'Hôtel-de-Ville la potence a disparu depuis un bon moment
Bonnes ou mauvaises, j'essaye de ne pas accorder trop d'attention aux critiques mais l'une d'elles, quand même, me fait sursauter :
...MOI, J'AI TROUVÉ QUE CE FILM ÉTAIT UN FILM FASCISTE.
Le Masque et la Plume sur FRANCE INTER
WHAT !!
Nul doute que, dans une telle situation, RACINE aurait répondu à une ânerie pareille de façon cinglante dans la préface d'une de ses pièces.
...À SUPPOSER QUE QUELQU'UN S'AMUSE À QUALIFIER LES PIÈCES DE RACINE DE FASCISTES.
CE QUI SERAIT QUAND MÊME COMPLÈTEMENT CON.
BON, IL FAUT PEUT-ÊTRE QUE JE ME CALME UN PEU AVEC CE PROCESSUS D'IDENTIFICATION RIDICULE...

Automne 1667, PARIS.
Avec ANDROMAQUE
RACINE passe une vitesse et s'engage pied au plancher sur l'autoroute du succès.
"CAPTIVE, TOUJOURS TRISTE, IMPORTUNE À MOI-MÊME, POUVEZ-VOUS SOUHAITER QU'ANDROMAQUE VOUS AIME ?"
QUEL CANON !
MONTFLEURY (60 ans) c'est la star de la troupe
dans le rôle-titre c'est Thérèse DU PARC, 35 ans, une comédienne que RACINE a piquée à la troupe de MOLIÈRE
accessoirement, RACINE (27 ans) est fou d'elle et il en a fait sa maîtresse (le coquin !)
Pour la première il vient présenter sa nouvelle pièce directement devant le roi et la reine au LOUVRE.
"QUELS CHARMES ONT POUR VOUS DES YEUX INFORTUNÉS QU'À DES PLEURS ÉTERNELS VOUS AVEZ CONDAMNÉS ?"
Françoise de MONTESPAN dite "ATHÉNAÏS", la nouvelle favorite du roi
Comme prévu, c'est un succès.
J'AIME BEAUCOUP.
OH MAJESTÉ, JE GU.GU...GU...
SI SI
Le triomphe est complet puisque le lendemain, lors de la première parisienne à l'HÔTEL DE BOURGOGNE, le public fait un accueil délirant à la pièce.
OUÉÉÉ
CLAP CLAP
GÉNIAL !
CLAP !!
CLAP !!
CLAP !
CLAP !
YES !
dans le public il y a des "claqueurs" payés par la concurrence pour faire du chahut et influencer négativement les spectateurs
HOU !!!
CLAP
BAILLE !!!
CLAP !!
CLAP !!
CLAP !
C'EST NUL !
RACINE, JE TE KIFFE !
CLAP !!
OUÉÉ
RIDICULE !
DIVIN !
BRILLANT !
QUEL CHEF-D'ŒUVRE !
CLAP !!
BRAVO !!
CLAP !!
il y a aussi des amis de RACINE chargés de faire l'inverse et d'entraîner le public (des "influenceurs" en quelque sorte)

Dans les semaines qui suivent le succès ne se dément pas et RACINE commence à rêver...
JE SUIS SÛR QUE JE PEUX FAIRE MIEUX.
JE VAIS FAIRE UNE COMÉDIE MAINTENANT..
ET PLIER MOLIÈRE SUR SON PROPRE TERRAIN.
BIM !
Ouiiiii..
à ce train-là, "Marquise" DU PARC va rapidement tomber enceinte
Il est en train de devenir ce qu'on appelle un auteur à succès.
MONSIEUR RACINE !!?
?
On le reconnaît dans la rue
EST-CE QUE VOUDRIEZ BIEN ME SIGNER CE BILLET ? C'EST POUR MA FIANCÉE, ELLE VOUS ADORE !
ELLE EST ALLÉE VOIR TROIS FOIS ANDROMAQUE.
MA FOI, ELLE A DU GOÛT VOTRE FIANCÉE. ELLE S'APPELLE COMMENT ?
Auberge du CHEVAL BLANC
C'EST QUI ?
C'EST RACINE, JE CROIS.
QUI ÇA ?
Il vient d'emménager rue MONTORGUEIL. C'est pas loin de l'Hôtel de BOURGOGNE et Thérèse DU PARC habite dans la rue voisine avec sa mère (bien vu !).
Il y a bien quelques grincheux qui répandent ici ou là des critiques négatives, mais RACINE ne laisse rien passer et les atomise par publications interposées.
JE VAIS LEUR CLAQUER LE BEIGNET DANS LA PRÉFACE QUE JE VAIS FAIRE IMPRIMER.
HA HA !!
Scritch Scritch Scritch
Avec le succès, RACINE est devenu assez revanchard.
ILS VONT COMPRENDRE QUI EST LE NOUVEAU BOSS.
Il vient aussi de clasher publiquement avec Pierre NICOLE, un de ses anciens maîtres, qui prétend que les poètes de théâtre ne sont que des EMPOISONNEURS DES ÂMES !

RACINE devient la coqueluche des salons à la mode et tout le monde se dispute sa présence. Il en profite pour y faire des lectures de sa nouvelle pièce, une comédie en trois actes sur le milieu judiciaire.
…ÇA VA S'APPELER Les PLAIDEURS !
SI VOUS LE PERMETTEZ, ALTESSE, JE VAIS VOUS EN LIRE QUELQUES EXTRAITS.
OH OUI ! AVEC GRAND PLAISIR ! NOUS VOUS ÉCOUTONS MONSIEUR RACINE…
POURQUOI ELLES ME REGARDENT TOUTES COMME ÇA ?
ON DIRAIT QU'ELLES VONT ME CROQUER…
ça se passe chez "MADAME" au Palais Royal. Henriette d'ANGLETERRE est totalement fan de RACINE (il lui a même dédié la préface d'ANDROMAQUE)
Madame de MONTESPAN
et sa Soeur, Mademoiselle
Madame de LA FAYETTE
Madame de SÉVIGNÉ
il n'y a pas beaucoup d'hommes, la plupart des seigneurs sont partis accompagner le roi dans sa conquête de la FRANCHE-COMTÉ (ce sera vite torché)
Comme espéré la pièce marche très bien…
ON VOULAIT VOUS DIRE : ON A A-DO-RÉ !
AH OUI ?
AH OUI ! TRÈS MARRANT VRAIMENT !
MAIS TELLEMENT !
des fans à la sortie du théâtre
Mais pas autant que sa dernière tragédie.
EH BIEN MERCI. ÇA FAIT PLAISIR
MAIS SINON, EUH…
VOUS ALLEZ REFAIRE D'AUTRES PIÈCES COMME ANDROMAQUE ?
HEIN ?
RACINE le prend moyen.
QUELLE BANDE DE CONS !
MAIS TELLEMENT !
gazettier qui va essayer de démolir la pièce dans son prochain article (comme à chaque fois)
Pour autant, il se dit qu'à l'avenir mieux vaudrait revenir à ce qu'il sait faire le mieux…
UNE BONNE VIEILLE TRAGÉDIE…
MAIS ROMAINE CETTE FOIS !
JE VAIS TOUT DÉFONCER.
GENRE CORNEILLE MAIS MIEUX.
OUI ! OUI ! OUI !
HAN !
Thérèse DU PARC est bien partie pour retomber enceinte… (la fille qu'elle a eue avec RACINE a été placée chez une nourrice du côté de LEVALLOIS)

Marquise DU PARC meurt le 11 décembre suivant (probablement d'un avortement qui a mal tourné)
DONG DONG DONG DONG
SNIRFLLLL
elle est inhumée 3 jours plus tard dans le Marais, à l'église NOTRE-DAME DES BILLETTES
RACINE accuse le coup et se jette dans le travail pour oublier.
SNIRFLLLL
il a gardé la robe de scène de MARQUISE
À la fin de l'année suivante il est prêt à faire son come-back avec une tragédie qui va calmer tout le monde.
TCHAC TCHAC TCHAC
Il a remis sa perruque à la Brian MAY et est retourné vivre du côté de son cousin VITART dans le nouvel hôtel de LUYNES, rue SAINT-DOMINIQUE
Le 13 décembre 1670, RACINE revient dans le GAME avec BRITANNICUS !
La pression est forte d'autant que CORNEILLE a fait le déplacement pour voir la pièce.
"J'EMBRASSE MON RIVAL MAIS C'EST POUR L'ÉTOUFFER !"
YOM
AH OUI JE LE VOIS !
L'ENFOIRÉÉÉ ! IL ARRÊTE PAS DE GESTICULER ET DE BÂILLER. IL FAIT EXPRÈS POUR BIEN MONTRER QU'IL S'ENNUIE À MORT.
ÇA TU VAS ME LE PAYER, MON POTE.
CORNEILLE qui s'emmerde
FLORIDOR (60 ans) joue NÉRON, tyran sanguinaire
la DES ŒILLETS (47 ans) joue AGRIPPINE, la mère de NÉRON (!)
la salle a eu du mal à se remplir à cause d'une exécution capitale qui a lieu au même moment place de GRÈVE (il s'agit d'un noble qu'on décapite - c'est pas tous les jours et tout le monde est allé voir ça)

Malgré ces débuts difficiles BRITANNICUS conquiert rapidement son public et propulse RACINE dans une spirale de WIN au rythme de UN chef-d'œuvre par an.
BON, À PARTIR DE MAINTENANT, JE NE FAIS PLUS QUE DES TRAGÉDIES.
ET TOUJOURS AVEC UN PRÉNOM EN GUISE DE TITRE !
Il attaque direct en créant le rôle de BÉRÉNICE pour la CHAMPMESLÉ, sa nouvelle maîtresse.
CORNEILLE, MON POTE, TU VAS COMPRENDRE, TA DOULEUR...
PARDON ?
RIEN, JE PARLAIS TOUT SEUL.
c'est la femme du comédien CHAMPMESLÉ RACINE les a débauchés tous les deux du Théâtre du Marais
BÉRÉNICE est un énorme carton qui déclenche une véritable hystérie.
"EH BIEN ! RÉGNEZ, CRUEL, CONTENTEZ VOTRE GLOIRE : JE NE DISPUTE PLUS. J'ATTENDAIS, POUR VOUS CROIRE, QUE CETTE MÊME BOUCHE, APRÈS MILLE SERMENTS D'UN AMOUR QUI DEVAIT UNIR TOUS NOS MOMENTS, CETTE BOUCHE À MES YEUX S'AVOUANT INFIDÈLE, M'ORDONNÂT ELLE-MÊME UNE ABSENCE ÉTERNELLE."
Les femmes pleurent et s'évanouissent devant tant de passion et on en parle jusqu'en ANGLETERRE.
ACINE fait exprès de sortir sa pièce le vendredi 21 novembre 1670 pour prendre de vitesse une pièce portant le même itre (et sur le même sujet) composée par CORNEILLE qui sort la semaine suivante. La pièce de CORNEILLE marchera beaucoup moins bien.
RACINE est dingue de sa nouvelle comédienne. Ils sortent ensemble dans PARIS, font des dîners coquins...
HI HI ! QUE FAITES-VOUS, MONSIEUR ?
MADAME, JE N'OSERAIS...
HI HI.
BOILEAU est de la partie (il paraît qu'il est impuissant). Ils sont copains comme cochons depuis peu.
BAJAZET sa nouvelle tragédie, surprend tout le monde et ravit le public.
"JOUISSEZ D'UN BONHEUR DONT MA MORT VOUS RÉPOND ; COURONNEZ UN HÉROS DONT VOUS SEREZ CHÉRIE : J'AURAI SOIN DE MA MORT, PRENEZ SOIN DE SA VIE."
SNIF
SNIF
la CHAMPMESLÉ joue ATALIDE, la copine du prince BAJAZET
ET HOP ! RACINE enchaîne sans tarder une nouvelle tragédie...
UNE PIÈCE QUI ÉVOQUERA LE ROI EN FOUDRE DE GUERRE...
HISTOIRE DE CÉLÉBRER SES NOMBREUSES CONQUÊTES.
OH. OUI ! OUI !
MAIS FINEMENT... PAR ALLUSIONS
OUI !
le roi est revenu victorieux des guerres de HOLLANDE (qu'il a lui-même provoquées)

MITHRIDATE, sa nouvelle tragédie, n'est pas terminée que RACINE (32 ans) est reçu à l'ACADÉMIE FRANÇAISE à l'unanimité (moins les voix de CORNEILLE et de ses copains of course).
QUI EST D'ACCORD POUR QUE MONSIEUR JEAN RACINE SOIT ADMIS AU SEIN DE NOTRE NOBLE INSTITUTION ?
Moi !
Moi !
Moi
MOI !
Moi AUSSI !
Moi
Moi
Moi !
PAS MOI
zéro femme bien entendu
Comme pour le roi, rien ne semble lui résister. RACINE, qui a bien pris la grosse tête, envisage même de rééditer ses oeuvres complètes.
OH, REGARDEZ, C'EST MOLIÈRE. IL EN TIRE UNE GUEULE.
IL A PRIS UN SACRÉ COUP DE VIEUX !
VENEZ, ON VA LE SALUER !
SANS MOI, CHERS AMIS.
les libraires et éditeurs se trouvent sur l'île de la Cité au pied de la SAINTE-CHAPELLE
MOLIÈRE n'y entrera jamais, la comédie n'est pas suffisamment bien vue
BOILEAU et LA FONTAINE ne seront reçus à l'ACADÉMIE FRANÇAISE que dans 10 ans (en 1683)
Entre-temps RACINE performe à nouveau avec MITHRIDATE, pièce conçue spécialement pour flatter Louis XIV conquérant.
ÉVIDEMMENT, ILS NE DISENT PAS UN MOT SUR MITHRIDATE !
ET SUR MOI, ILS DISENT QUOI ?
IL N'Y EN A QUE POUR ALCESTE !
Le Mercure Galant
la nouvelle comédie de MOLIÈRE
GRRR
AAAAAH !!
en ce moment, il habite dans un hôtel sur l'île de la CITÉ, juste en face de la PLACE DE GRÈVE où ont lieu les exécutions capitales
RACINE a beau parader du haut de son succès il n'en est pas tellement détendu pour autant.
PURÉE Y EN A MARRE DES EXÉCUTIONS PUBLIQUES !!
CASSE LES COUILLES !!

Quelques jours plus tard MOLIÈRE, épuisé, meurt d'une fluxion de poitrine, après une représentation de sa nouvelle pièce à succès : LE MALADE IMAGINAIRE.
Le maître de la comédie est mort. Avec le vieux CORNEILLE, qui est sur le déclin, on dirait bien que RACINE est en passe de devenir le nouveau patron...
BON, QU'EST-CE QUE JE VAIS FAIRE MAINTENANT ?
UNE TRAGÉDIE GRECQUE PEUT-ÊTRE ?
ÇA FAIT LONGTEMPS.
il peut se payer les services d'une chaise à porteurs maintenant
La mort de MOLIÈRE a chamboulé le milieu artistique et l'un des grands gagnants de ce réagencement est LULLY, qui révolutionne le genre avec ses "pièces musicales" (il appelle ça "OPÉRA").
REGARDEZ-MOI CES DEUX-LÀ, COMME ILS SE LA RACONTENT...
TSSS
CLAC
CLAC
CLAC
BOILEAU
LULLY et QUINAULT qui viennent de présenter un nouvel opéra au roi
Le roi adore ce nouveau type de divertissement et L'OPÉRA devient LE spectacle à la mode.
FRANCHEMENT, QUINAULT, IL EST PAS TERRIBLE POUR LES TEXTES, IL NE SAIT MÊME PAS ÉCRIRE EN LATIN.
AH BON ?
OUI OUI.
ils essayent de déstabiliser LULLY, ces coquins
VOUS DEVRIEZ PRENDRE LA FONTAINE À LA PLACE. LÀ, ÇA AURAIT DE LA GUEULE.
NOUS, ON DIT ÇA C'EST POUR VOUS.

IPHIGÉNIE
Quelques mois plus tard, avec IPHIGÉNIE, RACINE fait sensation à VERSAILLES lors des fêtes données par Louis XIV pour célébrer la reconquête de la FRANCHE-COMTÉ.
ça se passe dans les jardins, le château est encore en travaux pour un moment
"FILLE D'AGAMEMNON, C'EST MOI QUI LA PREMIÈRE, SEIGNEUR, VOUS APPELAI DE CE DOUX NOM DE PÈRE. C'EST MOI QUI, SI LONGTEMPS LE PLAISIR DE VOS YEUX, VOUS AI FAIT DE CE NOM REMERCIER LES DIEUX, ET POUR QUI TANT DE FOIS PRODIGUANT VOS CARESSES, VOUS N'AVEZ POINT DU SANG DÉDAIGNÉ LES FAIBLESSES."
IPHIGÉNIE (jouée par la CHAMPMESLÉ)
SNIRFLL
SNIF
SNIF
le public est en larmes

À 34 ans, c'est un peu l'apothéose pour RACINE.
feu d'artifice tiré sur le Grand Canal du château
YES !

Conséquence immédiate du succès d'IPHIGÉNIE : le mois suivant le roi distingue RACINE en lui faisant don d'une charge d'officier en tant que " conseiller du roi, trésorier de FRANCE et général des Finances à MOULINS ".
VOILÀ. RELEVEZ-VOUS MONSIEUR.
PINCEZ-MOI, JE RÊVE.
MERDE, JE TREMBLE. ÇA VA SE VOIR QUE JE TREMBLE.
PEUT-ÊTRE QUE SI JE SERRE TRÈS FORT LES FESSES...
eux, ils ne disent rien mais ils méprisent pas mal ces " nouveaux nobles "
CORNEILLE n'a jamais été distingué de la sorte. Quant à MOLIÈRE n'en parlons pas
Plus besoin de travailler ! RACINE va désormais toucher tranquillou 2400 livres par an (+ 500 Louis prélevés dans la cassette royale).
VOUS N'AUREZ MÊME PAS BESOIN DE VOUS RENDRE À MOULINS POUR TOUCHER VOTRE PRIME, DES INTENDANTS S'EN CHARGERONT.
AH BON ?
TROP BIEN !
Voilà donc RACINE anobli. Désormais il faut l'appeler " Monsieur RACINE ".
C'EST BIZARRE...
Le LOUVRE (après travaux)
JE ME SENS DIFFÉRENT TOUT À COUP...
SNIF
JE CROIS QUE C'EST LE PLUS BEAU JOUR DE MA VIE !
PROUT

HA HA, QUEL FAYOT CE RACINE !
Je ferais bien de ne pas trop la ramener car j'ai moi-même été décoré de l'insigne de CHEVALIER des ARTS & LETTRES en janvier 2016. Le document qui en fait foi doit se trouver quelque part dans ce bazar.

4

ITINÉRANCE MÉMORIELLE

FLANDRES, mars 1678.
BOUM
BOUM!!
BOUM
KRAK!
AAAAAA
AU SECOURS!
On retrouve RACINE quelques mois plus tard lors de la prise de GAND.
Depuis l'automne dernier, sur la suggestion de Madame de MONTESPAN, notre héros a changé de statut. Fini le théâtre, il est désormais "historiographe royal" et, de fait, courtisan à plein temps.
PLAISANT, N'EST-CE PAS ?
EUH... OUI, VOTRE ALTESSE.
son pote Nicolas BOILEAU partage la charge d'historien du roi avec lui
C'est la première fois qu'il met les pieds sur un champ de bataille.
MAIS, EUH... LES CANONS HOLLANDAIS NE PEUVENT-ILS TIRER JUSQU'ICI, VOTRE ALTESSE ?
HA HA! IL VA SANS DIRE, MONSIEUR RACINE
HA HA.
le roi kiffe moultement les batailles
RACINE moins

À partir de maintenant la plume de RACINE doit servir UNIQUEMENT la gloire du roi.
Il note ce qu'il voit, ce qu'il entend...
BOUM
BOUM
ARGGLL...
ALORS... QU'EST-CE QUE JE MARQUE ?...
il s'est fait faire un habit spécial pour aller à la guerre (il a même une épée)
Ça tombe bien, la période est propice à Louis XIV, à qui tout semble réussir...
"MISÉRABLE ÉTAT DES TROUPES ESPAGNOLES : ILS SE SONT RENDUS FAUTE DE PAIN."
PAM!
HA HA!
Enfin bon, il ne note pas tout non plus...
ROI MACHINISTE ! PUTASSIER ! TYRAN !
?
ça il ne l'a pas noté par exemple
Seulement ce qui peut être utile pour rehausser le prestige (déjà pas mal haut) du "plus grand roi du monde".
VERSAILLES (presque fini)
VIENS PAR LÀ, TOI ! ON VA T'APPRENDRE.
AAAAA
la reine et toute la Cour ont accompagné le déplacement
le Roi
Cette femme est hors d'elle car son fils s'est tué en tombant d'un échafaudage lors de travaux pour une fête à VERSAILLES. C'est tragique mais ça ne l'empêchera pas d'être fouettée jusqu'au sang.

La rupture définitive avec le théâtre s'est opérée en 1677.
Peu après le succès retentissant de la dernière tragédie de RACINE... (et sa meilleure selon ses propres dires)
PHÈDRE
"J'AIME. NE PENSE PAS QU'AU MOMENT QUE JE T'AIME, INNOCENTE À MES YEUX, JE M'APPROUVE MOI-MÊME; NI QUE DU FOL AMOUR QUI TROUBLE MA RAISON MA LÂCHE COMPLAISANCE AIT NOURRI LE POISON."
PHÈDRE, belle-mère incestueuse (jouée par la CHAMPMESLÉ)
HIPPOLYTE, son beau-fils (joué par on ne sait qui)
ARICIE, la copine d'HIPPOLYTE (jouée par la D'ENNEBAUT)
COMME À CHAQUE FOIS, LE SUCCÈS A ÉTÉ COLOSSAL. ENTRAÎNANT AVEC LUI SON LOT DE DÉTRACTEURS ET DE SUIVEURS.
RACINE EST TELLEMENT CÉLÈBRE QUE DES TYPES VIENNENT À LA PREMIÈRE POUR APPRENDRE PAR COEUR SA PIÈCE ET VENDRE DES (MAUVAISES) COPIES SOUS LE MANTEAU LE PLUS VITE POSSIBLE.

SAUF QUE CETTE FOIS, RACINE A BIEN FAILLI SENTIR LE VENT DU BOULET...

Ça commence par un sonnet anonyme qui circule dans PARIS et qui se moque de la pièce de RACINE.
GRRR
HIHI
HÉHÉ
on est en décembre 1677

RACINE lit le sonnet moqueur devant ses amis lors d'un dîner
"DANS UN FAUTEUIL DORÉ, PHÈDRE, TREMBLANTE ET BLÊME, DIT DES VERS OÙ D'ABORD PERSONNE N'ENTEND RIEN."
"HIPPOLYTE LA HAIT PRESQUE AUTANT QU'ELLE L'AIME. RIEN NE CHANGE SON AIR ET SON CHASTE MAINTIEN"
ça veut dire que le personnage semble un peu trop gay aux yeux de certains
"UNE GROSSE ARICIE, AU TEINT ROUGE, AUX CRINS BLONDS, N'EST LÀ QUE POUR MONTRER DEUX ÉNORMES TÉTONS, QUE, MALGRÉ SA FROIDEUR HIPPOLYTE IDOLÂTRE..."
pas très sympa pour la comédienne
QUEL EST LE CHIEN QUI A ÉCRIT ÇA ?
RACINE et ses copains décident que l'un des responsables du sonnet insultant doit certainement être le duc de NEVERS et sa bande.
neveu de MAZARIN C'est un des protecteurs de PRADON, auteur d'une pièce concurrente du PHÈDRE de RACINE
Quelques jours plus tard, un deuxième sonnet anonyme vient en réponse du premier et circule dans tout PARIS.
Surnom pour le duc de NEVERS
"DANS UN PALAIS DORÉ DAMON, JALOUX ET BLÊME, FAIT DES VERS OÙ JAMAIS PERSONNE N'ENTEND RIEN."
"UNE SOEUR VAGABONDE, AUX CRINS PLUS NOIRS QUE BLONDS, VA, DANS TOUTES LES COURS, PROMENER SES TÉTONS DONT, MALGRÉ SON PAYS DAMON EST IDOLÂTRE."
ça c'est parce qu'il est italien et que les Italiens de l'époque passaient pour être tous plus ou moins homosexuels
allusion au fait qu'on soupçonnait le duc de NEVERS de se taper sa soeur, la duchesse de MAZARIN
Le problème c'est que le duc de NEVERS n'est en rien responsable du premier sonnet, et aussi il est TRÈS susceptible.
ILS VONT ME LE PAYER CES FILS DE PUTE !
SCROUITCH
Ni une ni deux, il accuse RACINE et BOILEAU d'être les auteurs du deuxième sonnet et promet de les faire bastonner.
Un de ses bons amis parle même de vouloir leur couper le nez.
AU SECOURS !!!
C'EST PAS NOUS !!! ON N'Y EST POUR RIEN !
RACINE et BOILEAU flippent sévèrement et remontent en courant la rue MONSIEUR-LE-PRINCE
C'est un peu comme le Jaime LANNISTER de GAME OF THRONES (celui qui baise avec sa soeur)
UN LANNISTER PAYE TOUJOURS SES DETTES.

Un des personnages les plus importants du royaume. Ancien frondeur, Héros des guerres de FRANCHE-COMTÉ et fan de BOILEAU et RACINE.

l'hôtel de CONDÉ se trouvait à l'emplacement de l'actuel théâtre de l'ODÉON

la CHAMPMESLÉ commence à devenir assez casse-bonbons

La pièce de RACINE s'en tirera très bien elle aussi, mais il commence à se dire qu'il est temps de passer à autre chose...

il a arrêté la moustache, ce n'est plus à la mode

Ça tombe bien, Madame de MONTESPAN, la favorite du roi a des projets pour notre ami.
le jardin des TUILERIES
Madame de MONTESPAN, maîtresse officielle du roi, issue d'une grande famille
ses cinq enfants (reconnus par le roi)
Madame d'AUBIGNÉ (future Madame de MAINTENON), la gouvernante des cinq enfants
MONSIEUR RACINE, J'AI UNE REQUÊTE À VOUS FAIRE...
À... À MOI ?
SUIVEZ-MOI DANS MES APPARTEMENTS, JE VAIS VOUS EXPLIQUER...
HOULÀ !
QU'EST-CE QU'ELLE ME VEUT ?
ELLE A UNE RÉPUTATION D'ÉNORME NYMPHO. SI ÇA SE TROUVE JE VAIS PASSER À LA CASSEROLE DIRECT.
ET LE ROI QUI EST PARTI GUERROYER EN HOLLANDE AVEC ÇA.
S'IL L'APPREND, JE SUIS MORT.
CRRRR CRRR
CRRRR CRRRR
TCHAC TCHAC
MAMMA MIA...
CLAP !
BON, ALORS ON SE CALME : LA MONTESPAN VA JUSTE LUI PROPOSER DE DEVENIR... HISTORIOGRAPHE DU ROI.
C'EST DÉJÀ PAS MAL.
BOILEAU aussi est sur le coup
RACINE n'a pas trop le choix (en plus, c'est super bien payé).
... BIEN SÛR, TOUT CE QUE VOUS ÉCRIREZ PASSERA D'ABORD PAR MOI ET MOI SEULE.
BIEN, MA REINE... EUH, MADAME. C'EST UN HONNEUR.
Seule contrainte : il va falloir abandonner définitivement le théâtre.
PAS GRAVE.
DE TOUTE FAÇON, J'AI PLUS RIEN À PROUVER.
elle a pris du poids à force de bouffer des sucreries

Voilà RACINE en passe de devenir courtisan pour de bon. Mais il reste quand même un petit détail à régler...
CHER COUSIN, JE CROIS QUE J'AI TROUVÉ LA CANDIDATE IDÉALE...
FORT BIEN.
ELLE EST JOLIE AU MOINS ?
le cousin VITART (encore lui)
OUI... ET ELLE A DU BIEN. CE QUI NE GÂTE RIEN.
Pour que les convenances soient respectées, RACINE doit se ranger.
TU ME QUITTES, C'EST ÇA ?!
SALAUD ! JE M'EN FOUS, C'EST MOI QUI M'EN VAIS !
QUELLE FATIGUE...
la semaine suivante la CHAMPMESLÉ s'affichera avec le comte de CLERMONT-TONNERRE
Et le 1er juin 1677, il se marie avec une jeune fille de bonne famille que lui a dénichée son cousin.
DONG ! DONG ! DONG !
Église SAINT-SÉVERIN dans le Quartier latin
tout petit comité, il n'a même pas invité sa famille
L'abbé LE VASSEUR est de retour
l'acte de mariage sera signé par le prince de CONDÉ, le duc de CHEVREUSE, COLBERT et ses deux fils...
Catherine de ROMANET (25 ans).
Elle n'a vu (et ne verra) aucune des pièces de son époux.
Dès lors RACINE va vivre entre son foyer (pas très souvent)...
MON ÉPOUX, VOUS VOILÀ !
JE NE RESTE PAS LONGTEMPS, LE ROI PART POUR FONTAINEBLEAU CET APRÈS-MIDI.
AH.
sa femme ne mettra jamais les pieds à la cour
... et la cour (la plupart du temps).
HÉ LES GARS, ÇA VOUS DIT UN PETIT BILLARD AVEC MOI ?
JE PRENDS LE GAGNANT !

À partir de 1680, la cour s'installe définitivement à VERSAILLES.
RACINE y passe une bonne partie de son temps pour être au plus près du roi.
MONSEIGNEUR (le fils du roi)
André LE NÔTRE montre des trucs au roi
Louis XIV
RACINE est là
Il prend des notes (et discute avec BOILEAU)
la reine (tire la tronch
Mme de MAINTENON
Mme de MONTESPAN
Avec BOILEAU, il assiste au GRAND LEVER du roi chaque matin...
Il est là
...aux offices quotidiens (Louis XIV ne rate jamais la messe de 11 h)...
Il est là
IN NOMINE SANCTIS, BLA BLA, BLA
ARF, JE VOIS PAS BIEN.
...aux promenades, aux soirées organisées dans les appartements royaux...
OH ! VOUS AVEZ ENCORE GAGNÉ MAJESTÉ...
OUI.
Il est là
CLAP CLAP
CLAP CLAP
CLAP CLAP
CLAP CLAP
QU'EST-CE QU'IL JOUE BIEN...
pour être admis à VERSAILLES il faut un chapeau et une épée
vers cette période, le 23 mars 1680, Nicolas FOUQUET meurt dans une totale indifférence dans sa prison de PIGNEROL
(après 18 ans d'incarcération)

c'est impressionnant comme ça, mais de l'autre côté c'est encore complètement en travaux
d'après le tableau "LA PROMENADE DU ROI LOUIS XIV EN VUE DU PARTERRE DU NORD DANS LES JARDINS DE VERSAILLES" de E. ALLEGRAIN
Il accompagne le roi dans tous ses déplacements...
il est là
Il écrit des légendes pour des séries de peintures à la gloire du roi.
« TEL ÉTAIT LE VAINQUEUR DE L'ESCAUT ET DU RHIN, QUAND DU SORT DE L'EUROPE, ARBITRE SOUVERAIN, IL TENAIT ENCHAÎNÉ LE DÉMON DE LA GUERRE. »
Bref, ça va pas mal.
J'AIMERAIS UNE TASSE DE THÉ BIEN CHAUD.
TOUT DE SUITE, MONSIEUR.
on lui donne du "MONSIEUR"
pour exercer au mieux son nouveau métier, il étudie à fond les grands historiens grecs et latins

* Scandale sur fond de trafic de philtres d'amour, de potions de charme et de poisons violents qui a éclaboussé le TOUT-PARIS et même la COUR jusqu'à Madame de MONTESPAN.

Mardi 6 novembre 2018, 7h du matin sur un parking à VERDUN.
ZADIG
RÉPARER LA FRANCE
La toute jeune revue ZADIG m'a proposé de faire quelques pages sur un déplacement officiel du président MACRON. J'ai accepté illico en me disant que ce pourrait être l'occasion de parler au président de mon projet de BD sur la mise en scène du POUVOIR.
Me voilà donc prêt à suivre une partie d'un déplacement hors norme (7 jours d'affilée) dans le Grand Est à l'occasion de l'anniversaire de la fin de la GRANDE GUERRE.
Nom de code de l'opération :
ITINÉRANCE MÉMORIELLE
Notre-Dame de Lorette
Lens
Feignies
Maubeuge
Albert
Péronne
La Flamengrie
Charleville-Mézières
Rethondes
Rozoy-sur-Serre
VERDUN
Les Éparges
PARIS
Reims
Morhange
Pont-à-Mousson
Strasbourg
ÇA CLAQUE, N'EST-CE PAS ?
... SUR SON IMPOPULARITÉ, IL DIT QU'ELLE VA DURER ET POUR LONGTEMPS.
C'EST PAS BÊTE.
VOUS METTEZ LES SACS ICI S'IL VOUS PLAÎT !
ALLEZ CHERCHE KIKI.
Snif snif
?
il fait encore nuit
parking lugubre
l'accueil presse
équipe de déminage
À VERDUN, on attend les bus qui doivent emmener la presse sur les lieux de l'allocution présidentielle. Les journalistes parlent entre eux sur le parking.
IL DIT QUE L'IMPOPULARITÉ C'EST LE PRIX À PAYER POUR TRANSFORMER LE PAYS ...
C'EST DÉMAGO.
CEUX QUI ONT LEUR ACCRÉDITATION VOUS POUVEZ MONTER DANS LES BUS ...
AU CONTRAIRE ! C'EST COURAGEUX.
La veille au soir mmanuel MACRON a accordé une interview à Nikos ALIAGAS sur EUROPE 1. nterview ne sera usée que tout à l'heure 7h30 ("dans les nditions du direct").
les filles du service de PRESSE de l'ÉLYSÉE
Ils ne sont pas d'accord entre eux.
... CE QUI SERAIT DÉMAGO, C'EST DE DIRE QUE LES TAXES SUR L'ESSENCE SONT TROP ÉLEVÉES ET QU'IL VA LES BAISSER ...
LA PRESSE NATIONALE DANS CE BUS !

journaliste politique
C'EST UNE VRAIE PASSOIRE LEUR TRUC. JE N'AI PAS ÉTÉ FOUILLÉ ET JE N'AI MÊME PAS EU BESOIN DE MONTRER MES PAPIERS POUR OBTENIR MON ACCRÉDITATION.
HA HA !
ILS SE PRENNENT POUR DES CRACKS MAIS C'EST DES BRÊLES ! SI TU SAVAIS...
LEUR GRANDE RÉFÉRENCE C'EST OBAMA. MAIS JE PEUX TE DIRE QU'ILS EN SONT LOIN !
JE ME SUIS DÉJÀ RETROUVÉE DANS LA "BULLE DE PROTECTION D'OBAMA" EH BEN C'EST PAS COMME ÇA JE PEUX TE DIRE...
AUTOUR, LÀ, TOUT SERAIT DÉJÀ BOUCLÉ SUR UN RAYON DE 100 m...
LEUR MAÎTRE MOT C'EST "INCUBATEUR". "DISRUPTIF" AUSSI, ILS AIMENT BIEN...
le jour se lève
MAIS TU VAS VOIR QUE LE NOUVEAU MONDE RESSEMBLE À L'ANCIEN MONDE SOUS BIEN DES ASPECTS...
pendant le trajet, tout le bus écoute l'interview du président sur EUROPE 1
ON NE PROTÉGERA PAS LES EUROPÉENS SI ON NE DÉCIDE PAS D'AVOIR UNE VRAIE ARMÉE EUROPÉENNE... Blablabla
Blablabla... J'ENTENDS LA COLÈRE.
Quelques minutes plus tard, tout le monde se retrouve aux ÉPARGES, un village d'une vingtaine de maisons aux abords duquel les combats ont fait rage il y a un siècle. Emmanuel MACRON y est attendu pour prononcer l'annonce de la panthéonisation de Maurice GENEVOIX (et de tous les soldats de la Grande Guerre par la même occasion).
TOUT ÇA À CAUSE DE SA MAMIE.
SA MAMIE ?
BEN OUI ! C'EST SA MAMIE QUI LUI A FAIT DÉCOUVRIR GENEVOIX.
MERCI MAMETTE.
MAIRIE • ECOLE
statue de M. GENEVOIX
descendants de M. GENEVOIX
le responsable de la "mission du centenaire"
il y a presque autant de journalistes que de spectateurs
LUI, C'EST JEAN GABORIT, CHARGÉ DE MISSION. IL A REPRIS LE POSTE DE BENALLA.
AH OUI ? IL N'A PAS VRAIMENT LA MÊME CARRURE.

Vers 9h, MACRON arrive enfin.
PiiiN POOON PiiiN POOON PiiiN...
AH ! VOiLÀ LE GRAND HOMME !
C'EST PAS LUi ?
Si C'EST LUi.
AAA
des habitants et des descendants de "poilus"
Il descend de voiture, salue les habitants, visite brièvement la mairie et s'entretient avec la famille de Maurice GENEVOIX.
MAiRiE · ECOLE
il est là
MiNCE, JE VOiS QUE DALLE.
Puis il vient au pupitre prononcer un discours qualifié de "très doux et personnel" par son entourage.
... CAR C'EST AUSSi LE GÉNiE DE LA FRANCE QUE DE TiRER DES PiRES SOUFFRANCES CETTE EXPRESSiON LA PLUS HAUTE ET LA PLUS HUMAiNE QU'EST LA LiTTÉRATURE...
... GRÂCE AUX LiVRES DE MAURiCE GENEVOiX COULE DANS NOS VEiNES UN PEU DU SANG DES SOLDATS DES ÉPARGES...
Le public semble avoir apprécié.
C'EST UN FÉRU D'HiSTOiRE.
AH OUi ! iLS L'ONT ENCORE DiT CE MATiN.
ET QUAND iL TE SERRE LA MAiN iL TE REGARDE VRAiMENT !
AH OUi, T'AS VU, HEiN !
AH oui.
ET iL BAiSSE PAS LES YEUX.
Un journaliste tente de poser des questions au moment du départ du président, mais certains dans le public se mettent à lui crier dessus.
ÇA SUFFiT LES JOURNALiSTES !
FiCHEZ LE CAMP !!
VENiR GÂCHER UN Si BEAU DiSCOURS !
C'EST UNE HONTE !
NON, MAiS VRAiMENT !
QU'EST-CE QUi SE PASSE ?
Le journaliste bat en retraite tandis que le cortège présidentiel démarre...
JE ME SUiS FAiT ALiGNER PAR DES ViEUX. ET PAR LE PRÉSiDENT, AUSSi.
HAHA ! OUi, J'Ai CRU COMPRENDRE.
Paul LARROUTUROU de l'émission QUOTiDiEN
J'Ai JUSTE DEMANDÉ AUX MiLiTANTS LREM CE QU'iLS PENSAiENT DE L'iMPOPULARiTÉ DE MACRON ET DU MOUVEMENT NAiSSANT DES GiLETS JAUNES.
... ET À MACRON AUSSi JE LUi Ai DEMANDÉ.
"VOUS N'ÊTES PAS AU BON NiVEAU, PAUL", iL M'A DiT.

la salle de cinéma est à l'arrière
En fin de matinée, les bus déposent les journalistes sur le parking de L'OSSUAIRE DE DOUAUMONT près de VERDUN.
Une salle de presse a été improvisée dans la salle de projection de l'ossuaire. Les journalistes y déjeunent en attendant le Président qui est parti à la rencontre des habitants de VERDUN...
ALLOOONS ENFANTS DE LA PATRIii-EUH...
ON EST DANS UNE SALLE DE CINÉMA PLONGÉE DANS LE NOIR SANS OUVERTURE SUR L'EXTÉRIEUR, PAS CHAUFFÉE, AVEC TROIS PRISES ÉLECTRIQUES ET PAS DE TABLES POUR MANGER !
ET PENDANT QUE MACRON SE BALADE ON EST EN TRAIN DE TOUT RATER !!
C'EST PRATIQUE, ON PEUT SUIVRE EN DIRECT LES IMAGES PRISES À L'EXTÉRIEUR PAR LE SERVICE AUDIOVISUEL DE L'ÉLYSÉE...
ÇA RAPPELLE UN TRUC...
MAIS QUOI ?
L'ALLÉGORIE DE LA CAVERNE DE PLATON, PEUT-ÊTRE ...
OUI, MAIS Y A DU WIFI.
ET LES PLATEAUX-REPAS SONT BONS.
AH BON ? ON N'A PAS DÛ AVOIR LES MÊMES.
IL FALLAIT PRENDRE LE VÉGÉTARIEN.
À défaut de pouvoir suivre le Président ils regardent BFM-TV.
AUTANT RESTER À LA MAISON...
VOUS LE SENTEZ LE MALAISE QUI MONTE ?!!!
VOUS ALLEZ LE SENTIR LE GROS MALAISE LE 17 !!!
novembre
12:32 DIRECT
Carburants : "Quand on change les habitudes les gens ne sont pas forcément contents"

16h30 et des poussières, Emmanuel MACRON arrive enfin après son détour par la mairie de VERDUN. Tandis qu'il remonte solennellement l'allée qui mène à l'ossuaire, la France entière le regarde (enfin une partie tout du moins). Pendant ce temps, ses équipes prennent position sur le côté, hors du champ des caméras.
une centaine de vétérans, porte-drapeaux
PAX
sympathisants conduits en car jusqu'ici
le Pool, petit groupe de photographes autorisés à suivre le Président
la photographe officielle du Président
l'équipe du Président
les "chaussures de l'espace" avec talons translucides
Pierre MICHON
C'EST QUI LA MEUF AVEC LES CHAUSSURES DE L'ESPACE, LÀ ?
C'EST ANNE-CLAIRE MIALOT, LA CONSEILLÈRE TERRITOIRES.
ET LE VIEUX CHAUVE, LÀ-BAS ?
les journalistes ne peuvent pas dépasser cette ligne
Les journalistes aimeraient bien aller leur parler (à défaut d'approcher le président), mais c'est impossible.
LE VIEUX CHAUVE C'EST PIERRE MICHON, L'AUTEUR DE "VIES MINUSCULES".
?
QU'EST-CE QU'IL FAIT LÀ ?
la chargée de mission que j'avais croisée dans le bureau de Sylvain FORT - page 78 (elle s'est coupée les cheveux depuis la dernière fois)
JE CROIS QUE MACRON L'AVAIT INVITÉ À DÉJEUNER. IL ADORE SES LIVRES PARAÎT-IL... IL A DÛ LUI DEMANDER DE L'ACCOMPAGNER.
OU ALORS IL HABITE DANS LE COIN.
TU L'AS LU "VIES MINUSCULES" ?
NON.
MOI NON PLUS.
Après être allé raviver la flamme à l'intérieur de l'ossuaire, MACRON passe en revue les vétérans et les salue un par un.
IL A MAIGRI MOI JE TROUVE.
AH BON ?
OH OUI. IL A LES TRAITS TIRÉS.
ce porte-drapeau interpelle le président et lui sort des propos bien réacs et puants (captés par le micro de QUOTIDIEN)

Comme ça dure un peu, les membres de la délégation finissent par se détendre. Certains viennent parler à la presse.
COMMENT VOUS RESSENTEZ LA MANIÈRE DONT LE PRÉSIDENT EST ACCUEILLI DEPUIS LE DÉBUT DE L'ITINÉRANCE ?
HA HA ! MOI JE NE RESSENS RIEN ! JE NE SUIS PAS LÀ POUR RESSENTIR.
AH BON ? VOUS N'AVEZ PAS LE DROIT DE RESSENTIR ?
BAH SI, MOI JE RESSENS PERSONNELLEMENT, MAIS JE NE RESSENS PAS DANS LE CADRE D'UNE PAROLE OFFICIELLE DEVANT DES JOURNALISTES...
Même si tout est très contrôlé les journalistes se rapprochent pour noter.
... CES RENCONTRES PERMETTENT AU PRÉSIDENT DE BIEN SENTIR QUELLES SONT LES PRÉOCCUPATIONS DU MOMENT.
HEIN ? ON VOIT BIEN QU'IL Y A DES SUJETS QUI RESSORTENT PLUS QUE D'AUTRES.
... ET D'AILLEURS, CE NE SONT PAS FORCÉMENT LES SUJETS DONT PARLENT LES MÉDIAS.
LESQUELS ALORS ? VOUS AVEZ DES EXEMPLES DE SUJETS ABORDÉS CE MIDI ?
EH BIEN... EUH... QU'EST-CE QUE JE POURRAIS CITER COMME EXEMPLE...
AH SI, OUI ! LA MOBILITÉ.
Sibeth NDIAYE
C'EST VRAI QU'ELLE A DES CHAUSSURES ÉTONNANTES...
Sibeth NDIAYE, en tant que responsable de la communication, fait aussi office de porte-parole.
...DEMAIN, LE PRÉSIDENT VISITERA UNE USINE RENAULT EN COMPAGNIE DE CARLOS GHOSN, PUIS IL SE RENDRA DANS UN EHPAD ET...
MAIS C'EST QUOI LE BUT D'UNE ITINÉRANCE COMME CELLE-CI ?
Elle réfléchit un court instant.
LE BUT D'UNE ITINÉRANCE COMME CELLE-CI C'EST...
COMMÉMORER LES DOULEURS DU PASSÉ SANS OUBLIER LES DIFFICULTÉS D'AUJOURD'HUI.
AH C'EST PAS MAL, ÇA. C'EST BIEN TROUVÉ.
HA HA !
Le soleil est couché lorsque Emmanuel MACRON quitte l'ossuaire de DOUAUMONT direction REIMS (où un groupe de gilets jaunes lui réserve un comité d'accueil musclé) puis CHARLEVILLE-MÉZIÈRES... La plupart des journalistes suivent le mouvement mais je profite d'une voiture qui rentre à PARIS.
QU'EST-CE QU'IL VA RESTER D'UNE JOURNÉE COMME CELLE-CI ?
C'EST TERRIBLE MAIS ÇA VA ÊTRE LA CONTESTATION ET L'ÉCHANGE AVEC LE TYPE DEVANT LA MAIRIE DE VERDUN. LES IMAGES BFM-TV...
une journaliste hebdo qui fait le trajet avec moi

Les semaines suivantes le mouvement des GILETS JAUNES embrase le pays. Le samedi 1er décembre à je vais au cinéma dans le quartier MONTPARNASSE.
EN LIBERTÉ
DEUX PLACES POUR "EN LIBERTÉ" S'IL VOUS PLAÎT.
Dans le quartier tout est calme. Les gens sortent comme tous les samedis soirs.
BOUM!
POLICE
au même moment (mais je ne l'apprendrai que plus tard), ça dégénère méchamment du côté de l'Arc de triomphe
Comme tout le monde, je suis assez sidéré par la violence des affrontements entre policiers, manifestants et casseurs.
2700 arrestations, X blessés
AH OUI, QUAND MÊME.
BFM TV
Malgré tout je sollicite un nouveau rendez-vous avec Sylvain FORT qui, depuis notre dernière entrevue, s'est vu confier la communication de l'Élysée.
VU LE CONTEXTE, C'EST PAS ÉVIDENT QUE J'ARRIVE À FOURGUER MON PROJET DE BD SUR MACRON...
CRRR
CRRr
MAIS BON, ON NE SAIT JAMAIS : SUR UN MALENTENDU...
le sapin de noël géant de l'Élysée
j'ai soigneusement évité de parler de ma visite à Sibeth NDIAYE pour ne pas me faire squeezer à nouveau

J'explique à Sylvain FORT que c'est le moment ou jamais de montrer un visage plus humain du président et que ma bande dessinée pourrait y contribuer.
... MAIS POUR ÇA IL FAUT QUE JE PUISSE LE VOIR EN PRIVÉ.
MONTRER COMMENT IL EST EN VRAI ET TOUT.
OUI, TU AS RAISON.
SI C'EST POUR VOIR LE PRÉSIDENT À 100 MÈTRES LORS D'UN DÉPLACEMENT, ÇA N'A AUCUN INTÉRÊT.
Ça passe comme une lettre à la poste.
ÉCOUTE, POUR MOI C'EST BON.
COOL!
DÈS LA PREMIÈRE SEMAINE DE JANVIER ON COMMENCE.
apparemment, la stratégie de Sylvain FORT semble être d'espérer que les choses se calment avec le passage à la nouvelle année
TU VEUX QUE JE TE FASSE UN TEXTO LA SEMAINE PROCHAINE POUR TE LE RAPPELER ?
NON, NON, T'INQUIÈTE.
Mais, quelques jours plus tard, j'apprends par les médias que Sylvain FORT démissionne de son poste de conseiller en communication d'Emmanuel MACRON et qu'il quitte l'Élysée.
MAIS PUISQUE JE VOUS DIS QUE SYLVAIN FORT M'AVAIT DONNÉ SON ACCORD !?
JE POURRAIS PEUT-ÊTRE AU MOINS SUIVRE UN DÉBAT CITOYEN AVEC LE PRÉSIDENT...?
au téléphone avec quelqu'un du service de presse qui ne veut rien savoir
Tout est à recommencer.
NON ? Y A PAS MOYEN ?
J'essaye de m'accrocher sans trop y croire...
POURQUOI EST-CE QUE JE FAIS TOUT ÇA ?
cet hiver partez au sole
JE FAIS UNE BD SUR LE POUVOIR...
... OU SUR LA FASCINATION DU POUVOIR ?
BONNE NOUVELLE
famille syrienne

Vendredi 21 décembre 2018.
EST-CE QUE TU DIRAIS QUE TU ES SURPRIS DE CE QUI SE PASSE AVEC MACRON ?
NON.
BFM
à la télé, Emmanuel MACRON se dit prêt à étudier la pétition des GILETS JAUNES
je déjeune avec [redacted] un ami avocat qui connaît bien le milieu politique
JE SUIS SURPRIS DE L'AMPLEUR ET DE LA SOUDAINETÉ AVEC LESQUELLES LE TRUC S'EST CASSÉ LA GUEULE.
MAIS JE SAVAIS QUE ÇA ARRIVERAIT.
[redacted] a côtoyé MACRON pendant la campagne de François HOLLANDE en 2012.
QUAND TU AS TRAVAILLÉ AVEC LUI, TU SAIS QUE ÇA ALLAIT ARRIVER.
?!
IL EST PAS INTELLIGENT... IL EST PAS CULTIVÉ...
POURTANT C'EST PAS L'IMAGE QU'ON EN A...
JUSTEMENT, C'EST LÀ TOUT LE PROBLÈME : C'EST DE LA COM' TOUT ÇA.
QUAND LES GENS S'APERÇOIVENT QUE L'IMAGE PROJETÉE NE CORRESPOND PAS À CE QUE LA PERSONNE EST RÉELLEMENT ILS SONT DÉÇUS ET ÇA PEUT ÊTRE TRÈS VIOLENT.
C'EST CE QUI SE PASSE AUJOURD'HUI AVEC LES GILETS JAUNES...
MAIS CE QUI ARRIVE EN CE MOMENT À MACRON C'EST NOUVEAU POUR LUI.
C'EST QUELQU'UN QUI A TOUJOURS EU DU SUCCÈS JUSQU'À PRÉSENT.
PAS DU TOUT !
IL A CULTIVÉ CETTE IMAGE DE WINNER MAIS IL A EU PLUSIEURS ÉCHECS PAR LE PASSÉ...
AH OUI, LE PASSAGE DE LA LOI MACRON QUI A ÉTÉ IMPOSÉ À COUP DE 49.3. PAR EXEMPLE...
OUI, EXACTEMENT. ÇA A ÉTÉ UN COUP DUR POUR LUI. MAIS IL Y EN A D'AUTRES...
C'EST QUELQU'UN QUI A RATÉ "NORMALE"...
EN FAIT, C'EST UN LOSER QUI CULTIVE UNE IMAGE DE WINNER. MAIS ÇA C'EST TRÈS DANGEREUX...
C'EST LE PHARMAKOS !!
?!
LE QUOI ?

* René Girard : La violence et le sacré, Le bouc-émissaire, etc.

Été 1687.

RACINE ne semble pas regretter une seconde sa vie passée et se montre super motivé par son nouveau métier d'historiographe.

Il se donne à fond et suit le roi dans tous ses déplacements. Vivre la vie de courtisan semble être un absolu pour lui.

Passage des troupes en revue, fêtes, visites de chantier, tout est bon pour nourrir la future histoire du roi.
Les travaux sont prodigieux et dignes, en vérité, de la magnificence du roi...
L'important c'est surtout de savoir s'adapter.
Voilà des gens bien faits. Si la guerre recommence ils remueront plus volontiers la terre devant quelque place sur la frontière, que dans les plaines de Beauce.
il écrit à son copain BOILEAU qui est allé à BOURBON pour soigner une extinction de voix
château de MAINTENON
Par exemple, lorsque Madame de MONTESPAN commence à baisser dans l'estime du roi au profit de Madame de MAINTENON, RACINE suit le mouvement et se débrouille pour se mettre dans les petits papiers de la nouvelle favorite.
MONSIEUR RACINE, ON M'A DIT LE PLUS GRAND BIEN DE VOTRE COMPTE RENDU SUR LA PRISE DE GAND...
MADAME EST TROP BONNE. AVEC UN TEL ROI L'HISTOIRE S'ÉCRIT TOUTE SEULE. IL NE FAUT QUE LE SUIVRE, SI L'ON PEUT, ET LE BIEN ÉTUDIER SEUL...
La Grande Galerie de VERSAILLES est à peine terminée. Au plafond, des peintures représentent les exploits du roi.
HU HU
GU GU GU
NAN MAIS J'HALLUCINE !
la MONTESPAN a pris un coup depuis l'affaire des POISONS

Pour son histoire du roi, RACINE écrit un peu (beaucoup) les choses comme ça l'arrange.
Il magnifie les épreuves et les adversaires du roi pour rendre les victoires plus éclatantes. Les échecs et les batailles perdues, il les escamote.
la défaite des Turcs en HONGRIE
la réception du roi de SIAM
arbitre de la paix et de la guerre
Louis XIV a peu à peu fait évoluer son image. Désormais il n'est plus question de s'inspirer de JUPITER ou d'APOLLON pour parler de lui et de son action. La nouvelle référence c'est... LUI-MÊME !
HOP !
EN GROS, LES BONNES VIEILLES RECETTES DE LA PROPAGANDE ET DE LA COMMUNICATION MODERNE.
SAUF QUE, LUI, IL A L'AIR D'Y CROIRE VRAIMENT.
... Un prince qui, ayant toujours de son côté la puissance et la raison, n'a besoin pour faire exécuter ses volontés que de les déclarer.
... Un prince non moins admirable, plein d'équité, plein d'humanité, toujours tranquille, toujours maître de lui, sans inégalité, sans faiblesse...
...Enfin le plus sage et le plus parfait des hommes.
JE ME DEMANDE SI JE N'EN AI PAS FAIT UN PEU TROP CETTE FOIS-CI...
Même dans son discours d'hommage à CORNEILLE (qui vient de mourir), il trouve moyen de flatter son monarque.
MONSIEUR RACINE, JE VOUS LOUERAIS DAVANTAGE... SI VOUS NE ME LOUIEZ PAS TANT.
YES !
Louis XIV s'est récemment fait arracher la moitié des dents et une partie de la mâchoire. Il vient aussi d'être opéré d'une grosse fistule au cul.
45 ans
46 ans

RACINE a vraiment la cote et, rare privilège, il est désormais régulièrement invité à MARLY, la résidence ultra-privée du roi.
Seuls les HAPPY FEWS sont conviés. C'est le roi qui fait lui-même les invitations
Le roi même y est fort libre et fort caressant. On dirait qu'il est tout à lui et à son plaisir... Il m'a fait l'honneur plusieurs fois de me parler, et j'en suis sorti fort charmé et au désespoir contre moi car je ne me trouve jamais si peu d'esprit que dans ces moments où j'aurais le plus envie d'en avoir.
il écrit à son copain BOILEAU
Malgré cette proximité, RACINE ne se permet jamais de donner son avis sur les questions politiques ni de commenter certaines décisions royales comme, par exemple, LE CODE NOIR POUR L'ESCLAVAGE :
...LE CODE LÉGITIME LES CHÂTIMENTS CORPORELS POUR LES ESCLAVES, Y COMPRIS DES MUTILATIONS COMME LE MARQUAGE AU FER AINSI QUE LA PEINE DE MORT.
le ministre COLBERT
CLAP CLAP CLAP
LES MOTIFS DE CE RIDEAU SONT VRAIMENT INTÉRESSANTS ...
...ou la révocation de L'ÉDIT DE NANTES qui interdira aux protestants d'exercer librement leur religion.
IL EST DÉSORMAIS INTERDIT AUX PROTESTANTS NON CONVERTIS DE QUITTER LE ROYAUME SOUS PEINE DE GALÈRE (POUR LES HOMMES), DE PRISON (POUR LES FEMMES) ET...
CLAP CLAP CLAP
OH, QUEL DÉTAIL ARCHITECTURAL ÉTONNANT...
le ministre LOUVOIS
Même quand il s'agit de venir en aide à la communauté de PORT-ROYAL à nouveau opprimée, il ne moufte pas.
JE VAIS VOIR CE QUE JE PEUX FAIRE MAIS C'EST COMPLIQUÉ...
il a quand même repris contact avec ses anciens maîtres et il reparle à sa tante (qui est devenue abbesse de PORT-ROYAL)

Quelques mois après la mort de la reine, Louis XIV s'est marié en secret avec Madame de MAINTENON. Sous son influence, le monarque a cessé de se taper tout ce qui bougeait et fait mine de se comporter en parfait dévôt.
IL PARAÎT QUE LE ROI A ORDONNÉ DE L'AVERTIR SI DES COURTISANS BAVARDAIENT PENDANT LA MESSE.
CHUUUT.
Du coup, RACINE fait pareil.
À la cour il fait le sérieux et prend définitivement ses distances avec le théâtre. Il cesse même d'assister aux spectacles.
JE VOUS LAISSE, J'AI DU BOULOT.
ALLEEZ.
QUEL RABAT-JOIE.
En famille, il mène une vie exemplaire.
NOTRE PÈRE QUI ÊTES AUX CIEUX, ETC.
MERCI BEAUCOUP.
AMEN
AMEN
AMEN
à la maison il porte un habit simple et tout râpé (pour ne pas abîmer les autres) et tombe la perruque
il est rarement chez lui mais a quand même trouvé le temps de faire sept enfants (!)
Il fait un sérieux tri parmi ses amis et ses anciennes connaissances.
OH PUNAISE ! LA CHAMPMESLÉ QUI TRAVERSE LA RUE !!
HEUREUSEMENT QU'ELLE NE M'A PAS VU !
LA VACHE, ELLE A PRIS UN COUP DE VIEUX.
elle continue à triompher au théâtre dans le rôle de PHÈDRE
Même ses propres pièces de théâtre, il a tendance à ne pas trop les mettre en avant...
JE N'AI PAS DIT QUE JE LES RENIAIS, MAIS BON...
C'ÉTAIT IL Y A LONGTEMPS...
L'EAU A COULÉ SOUS LES PONTS.
J'AI TOURNÉ LA PAGE.
aucun roman ni livret de théâtre dans sa bibliothèque (il n'y a même pas les FABLES de LA FONTAINE)

RACINE prend ses distances avec le théâtre, mais le théâtre va le rattraper par la manche...
En 1688, Madame de MAINTENON commande à RACINE l'écriture d'une sorte de grand poème religieux avec des parties chantées.
MONSIEUR RACINE, J'AI UN PROJET FORMIDABLE À VOUS SOUMETTRE...
A... AH BON ?
ça fait onze ans qu'il n'a pas écrit une ligne pour le théâtre
Elle a laissé tomber les bijoux et les fanfreluches. L'austérité est de mise à présent.
QU'EST-CE QU'ELLE VA ME SORTIR ?
Le but est de faire s'exercer les jeunes filles du pensionnat de SAINT-CYR (que Madame de MAINTENON a créé récemment).
JE... OUI, C'EST INTÉRESSANT.
RELOUUU...
BIEN SÛR, IL FAUDRA QUE VOTRE POÈME NE CONTIENNE AUCUNE ALLUSION AUX CHOSES DE L'AMOUR.
BIEN SÛR.
Alors qu'une nouvelle guerre se prépare contre la TOTALITÉ des États européens, RACINE se met au boulot.
JE SAIS ! JE VAIS FAIRE...
LA PREMIÈRE TRAGÉDIE RELIGIEUSE !
SANS HISTOIRES DE CUL !
Quelques mois plus tard (peu après que les armées françaises eurent ravagé le PALATINAT* dans un véritable bain de sang), ESTHER est présentée devant la cour.
RACINE a lui-même fait répéter les jeunes filles à SAINT-CYR
"OH, MON SOUVERAIN ROI ! ME VOICI TREMBLANTE DEVANT TOI."
Évidemment, c'est un triomphe.
Public ultra-trié sur le volet
Louis XIV vient à chacune des représentations.
Il y a même le roi et la reine d'Angleterre (en exil).
* L'ALLEMAGNE, quoi !

Le Roi adore ESTHER et Madame de MAINTENON commande une autre pièce religieuse à RACINE pour l'année suivante.
IL SERA FAIT COMME IL VOUS PLAIRA, MADAME.
FORT BIEN.
FATIGUE...
RACINE se met aussitôt à l'écriture d'ATHALIE mais une cabale conduit finalement Madame de MAINTENON à renoncer à la sortie de la pièce car elle pourrait corrompre les âmes des jeunes filles de SAINT-CYR.
MAIS ILS M'EMMERDENT ! IL N'Y A PAS PLUS DÉVOT QUE MOI ! J'AI TOURNÉ LE DOS AU THÉATRE GALANT, QU'EST-CE QU'ILS VEULENT DE PLUS, BORDEL !!?
pamphlet anonyme
RACINE se console avec la charge de "GENTILHOMME ORDINAIRE de la CHAMBRE du Roi" que lui offre Louis XIV en récompense de ses bons et loyaux services (ça vaut dans les 10 000 Livres un truc pareil).
C'EST TROP BIEN ! GRÂCE À CETTE CHARGE, J'AI LE DROIT D'ASSISTER AU LEVER DU ROI QUAND JE VEUX ET SANS DEMANDER LA PERMISSION !
la famille a emménagé dans un confortable hôtel particulier du côté de St-Germain-des-Prés
Il essaye d'expliquer le truc à sa femme mais c'est pas évident à comprendre pour quelqu'un qui n'a jamais mis les pieds à la cour...
Mais surtout, honneur suprême, il bénéficie d'un LOGEMENT à VERSAILLES !
CELUI-CI VIENT DE SE LIBÉRER, MONSIEUR.
VOUS Y SEREZ BIEN POUR TRAVAILLER.
il est sans voix
Certains, à la cour, seraient prêts à vendre un rein pour être l'objet d'une telle marque de distinction.
TROP BIEN !
TOC TOC TOC

Ce qui est bien quand on loge dans le château, c'est qu'on peut accéder rapidement et à toute heure à la chambre du roi...
MONSIEUR RACINE, LE ROI VOUS DEMANDE.
AH BON ?
SA CRISE DE GOUTTE L'A REPRIS ET IL NE PARVIENT PAS À DORMIR.
SA MAJESTÉ VEUT QUE VOUS VENIEZ IMMÉDIATEMENT LUI FAIRE LA LECTURE.
AH... EUH, OUI, BIEN SÛR.
Alors que le pays, ruiné par les guerres, s'enfonce lentement mais sûrement dans une grave crise économique et sociale RACINE continue de trouver que son souverain est le meilleur du monde.
SIRE, JE VAIS VOUS LIRE LES VIES DE PLUTARQUE...
JE NE VAIS RIEN COMPRENDRE SI C'EST DU LATIN OU DU VIEUX FRANÇOIS.
N'AYEZ CRAINTE, JE TRADUIRAI AU FUR ET À MESURE, VOTRE GRÂCE.
AH BON, OK ALORS...
Très mal en point
crise de goutte
fièvres
vapeurs
coliques
...Et il s'efforce de s'approcher toujours plus de la lumière du Roi-Soleil.
... TELLE UNE PHALÈNE INEXORABLEMENT ATTIRÉE PAR LES PHARES D'UNE LAMBORGHINI.
MOI AUSSI JE PEUX FAIRE DE LA POÉSIE...

* Devant la levée de boucliers, l'Élysée finira par renoncer à exiler la salle de presse quelques mois plus tard.

18h30. Les invités prennent place dans la salle des fêtes (dont la déco vient d'être refaite intégralement) suivant un plan de table savamment conçu (en vrai, ça a dû être un joyeux casse-tête).
Assemblage hétéroclite de sociologues, d'économistes, de scientifiques, de politologues et de philosophes...
On dirait un peu une réunion de scientifiques dans TINTIN...
ici la place qu'occupera le Président
TU SAIS JUSQU'À QUELLE HEURE ÇA VA DURER ?
ÇA PEUT DURER TRÈS LONGTEMPS. MINUIT DANS LE MEILLEUR DES CAS.
IL Y A UNE SOIXANTAINE D'INVITÉS ALORS MÊME SI TU COMPTES 5 MINUTES POUR CHACUN, ÇA FAIT AU MOINS 6 HEURES AVEC LES PAUSES...
EN PLUS, IL ADORE PRENDRE LE TEMPS POUR RÉPONDRE À TOUT LE MONDE.
AH BON ?
François-Xavier journaliste au FIGARO (on l'a déjà croisé page 18)
caméras pour la retransmiss en direct
ÇA DÉPEND S'IL EST DE BONNE HUMEUR OU PAS.
ÇA ON VA LE VOIR TOUT DE SUITE. DEPUIS QUELQUE TEMPS IL EST MARQUÉ. ÇA SE VOIT PAS TROP AVEC LE MAQUILLAGE MAIS, SI TU REGARDES BIEN, ON REMARQUE QU'IL EST TENDU, AMAIGRI...
18h30. L'huissier annonce l'arrivée d'Emmanuel MACRON. Toute la salle se lève (sauf les journalistes).
MONSIEUR LE PRÉSIDENT DE LA RÉPUBLIQUE !!
Guillaume ERNER, journaliste à FRANCE CULTURE, a été désigné pour être le modérateur de la soirée.
... C'EST QUELQUE CHOSE D'ABSOLUMENT INÉDIT, DANS LE CADRE DE CE GRAND DÉBAT... ALORS UNE SEULE RÈGLE, ÉVIDEMMENT : LA LIBERTÉ.
JE N'AURAIS PAS DÛ ME METTRE AU PREMIER RANG.
JE VAIS ME RETROUVER SUR TOUTES LES PHOTOS...
il n'a pas l'air super à l'aise
Emmanuel MACRON semble relax. Pas du tout amaigri ni tendu (du moins, de mon point de vue).

Emmanuel MACRON prend la parole.
MERCI BEAUCOUP ET BIENVENUE.
J'AI EN EFFET VOULU LANCER AU DÉBUT DE CETTE ANNÉE CE GRAND DÉBAT NATIONAL QUI EST UN EXERCICE UN PEU INÉDIT...
Michel WIEVIORKA (Sociologue)
Jean JOUZEL (climatologue, glaciologue, membre du GIEC)
POUR MOI, CE QUE NOUS SOMMES EN TRAIN DE FAIRE COLLECTIVEMENT, C'EST DE REDÉFINIR UN PROJET NATIONAL ET EUROPÉEN. C'EST CE QUE NOUS DEVONS FAIRE.
C'EST MARRANT CETTE DISPOSITION...
ET DONC, DANS CE CADRE, IL ME SEMBLAIT NÉCESSAIRE QU'IL PUISSE Y AVOIR UN ÉCHANGE AVEC VOUS, DES INTELLECTUELS.
ON DIRAIT LA CÈNE AVEC JÉSUS AU MILIEU DE SES DISCIPLES... (CELLE DE LÉONARD DE VINCI).
...ALORS, IL SE TROUVE QUE NOUS TENONS CE DÉBAT (JE ME SUIS D'AILLEURS BEAUCOUP POSÉ LA QUESTION - POUR VOUS DIRE LES CHOSES) DEUX JOURS APRÈS DES VIOLENCES INÉDITES, À QUELQUES MÈTRES D'ICI...
AU FOND, JE ME SUIS DIT : " EST-CE QUE NOS CONCITOYENS VONT COMPRENDRE QU'ON TIENNE CE DÉBAT À L'ÉLYSÉE ALORS QU'IL Y A EU CES TERRIBLES ÉVÉNEMENTS SUR LES CHAMPS-ÉLYSÉES ? "
AU CARRÉ : OUI !
Franck RIESTER (ministre de la Culture) mâche un chewing-gum et regarde en loucedé son portable
Emmanuelle WARGON
crétaire d'État auprès
ministre de la
ansition écologique
solidaire)
...INTERROMPRE CE DÉBAT, ÇA AURAIT DONNÉ RAISON À LA VIOLENCE ABSOLUE DANS LA SOCIÉTÉ. DONC J'ASSUME TOTALEMENT.
Pascal BRUCKNER ① est le premier à s'exprimer.
DEPUIS QUATRE MOIS, J'AI L'IMPRESSION QUE NOUS ASSISTONS EN FRANCE À UN COUP D'ÉTAT AU RALENTI...
...UN COUP D'ÉTAT QUE JE QUALIFIERAIS POUR MA PART D'ANARCHO-FASCISTE PUISQUE, DANS LES ÉVÉNEMENTS DES GILETS JAUNES, LES DEUX GRANDES FAMILLES, EXTRÊME DROITE ET EXTRÊME GAUCHE, SE REJOIGNENT...
VU DE L'ÉTRANGER, NOTRE PAYS SEMBLE ÊTRE DANS UN ÉTAT DE DÉLABREMENT PROGRESSIF.
LE POUVOIR SEMBLE DÉMUNI...
Puis c'est le tour de Dominique MÉDA.
ON EST DANS UNE URGENCE ÉCOLOGIQUE ET SOCIALE. J'AI L'IMPRESSION QUE SUR CES DEUX URGENCES, VOUS ÊTES RESTÉ ATTACHÉ À CE QU'ON VOUS A APPRIS À L'ENA.
C'EST-À-DIRE À UN CERTAIN NOMBRE DE RECETTES, DE DOGMES, DE CROYANCES QUI ONT ÉTÉ FONDAMENTALEMENT REMIS EN CAUSE.
②
CES POLITIQUES ONT ÉCHOUÉ.
MA QUESTION EST LA SUIVANTE : EST-CE QUE VOUS ÊTES PRÊT À CHANGER DE CAP ?
D'après la fiche que le service de presse nous a remise en arrivant Pascal BRUCKNER ① est romancier et essayiste et Dominique MÉDA ② est sociologue et philosophe.
Je consulte ce document comme le livret d'une pièce de théâtre (avec beaucoup d'acteurs).

Bioéthique, psychiatrie, médecine, intelligence artificielle, sociologie, religion, astrophysique, histoire, économie... rien ne semble effrayer le président.
MODERNISER LA PSYCHIATRIE FRANÇAISE ALORS QU'ELLE N'A JAMAIS ÉTÉ AUSSI DÉLABRÉE...
COMMENT ENCOURAGER LES ENTREPRISES AMÉRICAINES À S'INSTALLER EN FRANCE ?
...UN PLAN DE LUTTE CONTRE L'INFERTILITÉ.
L'UNE DES RAISONS POUR LESQUELLES LES GENS SOUFFRENT, C'EST QU'ILS NE VOIENT PAS LA DIFFÉRENCE DE TEMPS ENTRE LA RÉALISATION ET LE DÉSIR.
ON A DES PISTES EXTRÊMEMENT SÉRIEUSES POUR LE TRAITEMENT DU CANCER...
L'ÉCART SE CREUSE ENTRE CEUX QUI SAVENT ET CEUX QUI NE SAVENT PAS.
TOUT EST STOCKÉ ET ON A OUBLIÉ CE QUE C'ÉTAIT QUE L'OUBLI.
VOUS AVEZ PARLÉ DE LA PLACE DES FEMMES AU SEIN DES GILETS JAUNES. C'EST INTÉRESSANT...
3 Boris CYRULNIK (neuropsychiatre)
4 Jules HOFFMANN (biologiste, chercheur au CNRS, prix NOBEL de physiologie ou médecine en 2011)
5 René FRYDMAN (obstétricien, gynécologue et professeur)
6 Catherine BRÉCHIGNAC (physicienne, membre de l'Académie des sciences)
7 Xavier DARCOS (haut fonctionnaire, diplomate et ancien ministre)
parfois il prend des notes.
Y compris, bien sûr, les questions purement politiciennes.
...SUR LA FONCTION QUI EST LA VÔTRE : EST-QUE VOUS AVEZ LE SENTIMENT QU'IL Y A UNE TROP GRANDE CONCENTRATION DE POUVOIRS DANS LES MAINS DU PRÉSIDENT DE LA RÉPUBLIQUE ?
EST-CE QUE VOUS CROYEZ TOUJOURS À L'EXPÉRIMENTATION ET À L'ÉVALUATION ?
Y COMPRIS DANS VOTRE CAS ?
8 Aurélie JEAN (docteur en numérique et intelligence artificielle)
9 Réjane SÉNAC (politologue, spécialiste de l'égalité, de la discrimination et de la diversité – les lunettes de soleil, c'est juste parce qu'elle a reçu un coup par inadvertance d'un nageur à la piscine)
10 Gilles FINCHELSTEIN (directeur général de la Fondation Jean-Jaurès)
Même s'il ne répond pas toujours à la question qui lui est posée.
...AUJOURD'HUI NOUS RETROUVONS UN MOMENT DE TRAGIQUE DE L'HISTOIRE OÙ EN EFFET ON A UN BESOIN DE STABILITÉ À UN NIVEAU SIGNIFICATIF, SUR DE PLUS EN PLUS DE SUJETS...
MOI, JE SUIS TRÈS FAVORABLE À L'EXPÉRIMENTATION... LE RAPPORT À L'ÉVALUATION SUPPOSE UN CERTAIN RAPPORT AU TEMPS...
C'EST DOMMAGE, IL NE DIT RIEN SUR L'EXCÈS DE POUVOIR DU PRÉSIDENT DE LA RÉPUBLIQUE.
Il paraît que certains intervenants mécontents se sont échangé des textos sous la table...
SI NOUS CRÉONS UNE COMMUNAUTÉ DE DESTINS POUR L'HUMANITÉ. IL FAUT DES RÉCITS ANTICIPATEURS.
IL Y A LE RÉCIT ÉCOLOGIQUE, LE RÉCIT DE LA CATASTROPHE CLIMATIQUE.
minuit est passé et pas mal de gens commencent à partir...
"C'est un gros piège, on sert la soupe et il nous assène sa com politique," aurait dit l'un des participants.
ON EST À UN MOMENT CRITIQUE. ON EST À UN MOMENT DE MORCELLEMENT...
ON A BESOIN DE GRANDES IDÉOLOGIES...
11 Mireille DELMAS-MARTY (juriste et professeure au Collège de France)
Moi, j'ai une autre théorie.
JE PENSE QU'IL KIFFE.
OUI, JE VOIS PAS D'AUTRE EXPLICATION.
PERSONNE NE FAIT ÇA.
Philippe GRANGEON, autre conseiller spécial du président, zone, l'air de rien, du côté du carré presse
1h44...
AH, ÇA Y EST, IL VIENT DE BATTRE SON RECORD DE DÉBAT : 7h08 ! ET IL VA ENCORE L'EXPLOSER EN PARLANT UNE DEMI-HEURE...
...COMMENT ORGANISER SUR LE LONG TERME CETTE BONNE MÉDIATION QUI AILLE AU-DELÀ DU TEMPS POLITIQUE ?
ON A L'IMPRESSION QUE C'EST LUI QUI FAIT TOUT.
OUI, C'EST EXACTEMENT ÇA. AUTOUR DE LUI IL N'A QUE DES ASSISTANTS...
À PART BLANQUER, QUI EST LE SEUL À S'EN TIRER.
12 Cédric VILLANI (mathématicien, lauréat de la médaille FIELDS en 2010, député EN MARCHE)

1h59. Avant de conclure lui-même, le président demande à chacun des ministres présents de s'exprimer à l'issue du débat. Ça fait huit heures qu'ils étaient là à écouter sans rien pouvoir dire.
Dans une poignée d'heures, Franck RIESTER sera l'invité de 7h30 de Guillaume DURAND sur RADIO CLASSIQUE pour parler du débat ! Dur métier...
... MAIS AVANT JE VAIS LAISSER LA PAROLE À MONSIEUR LE MINISTRE DE LA CULTURE...
!
OUI, EUH ...
garde du corps de MACRON
IL A UN REGARD UN PEU SADIQUE.
"ALORS LES MECS, IL EST 2H DU MATIN, EST-CE QUE VOUS AVEZ SUIVI ?..."
HA HA !
salle aux 3/4 vide
2h13. Après que chacun a parlé, E.MACRON prononce le discours de clôture.
... JE VOIS DANS LA CRISE FRANÇAISE UNE TRANSPOSITION DE CE QUI S'EST PASSÉ SUR LES RÉSEAUX SOCIAUX...
J'ARRIVE PAS À SAVOIR S'IL SE REND COMPTE QU'IL SOÛLE SON MONDE...
PARCE QU'IL AURAIT PU DIRE TOUT ÇA BEAUCOUP PLUS VITE.
...
Il a l'air en pleine forme.
POUR MOI, CE DÉBAT NE DOIT PAS S'ARRÊTER LÀ. IL EST ÉVIDENT QUE JE ME NOURRIRAI DE CE QUI S'EST DIT CE SOIR...
ON A BESOIN DE CETTE SCANSION, DE CETTE RESPIRATION...
2h38. Je ressors un peu groggy du palais. J'imagine que c'est ce qu'on ressent après avoir assisté à la Tétralogie de WAGNER...
Pascal BRUCKNER
Gilles KEPEL
Non loin du palais, j'aperçois Luc BOLTANSKI qui était au débat lui aussi.
13
13 Luc BOLTANSKI (sociologue, directeur d'études à l'EHESS)
Évidemment, j'engage la conversation.
OUI, C'ÉTAIT INTÉRESSANT MAIS ASSEZ ÉTRANGE.
ON A UN PEU L'IMPRESSION D'AVOIR VU FRÉDÉRIC II...
FRÉDÉRIC II ?
C'ÉTAIT LE ROI DE PRUSSE. IL CONVOQUAIT SES SUJETS ET L'ÉLITE INTELLECTUELLE DE SON PAYS POUR LEUR JOUER DE LA FLÛTE : DE VRAIS CONCERTS...
HA HA !

CELA DIT, C'ÉTAIT UN VRAI MÉLOMANE. IL JOUAIT TRÈS BIEN, PARAÎT-IL...

5

LA RÉUNION

Mercredi 5 septembre 2019 - 15h.
À force de multiplier les demandes je finis par décrocher un entretien avec Brigitte MACRON à l'Élysée.
BONJOUR.
VENEZ ON VA S'INSTALLER À CÔTÉ, DANS MON BUREAU.
?
salon dit "DES CARTES" ou "DE LA CARTOGRAPHIE"
j'ai cru qu'elle allait me prendre par la main mais c'est juste que son bras droit est encore sous le coup d'une blessure qu'elle s'est faite la semaine dernière
Celui qui m'a aidé à obtenir ce rendez-vous c'est Jean-Marc DUMONTET, homme de spectacle et proche d'Emmanuel MACRON.
ALORS ? QU'EST-CE QUE JE PEUX FAIRE POUR VOUS ?
ce type possède toute une série de théâtres dans PARIS
Après lui avoir expliqué tout mon baratin avec RACINE et compagnie, c'est lui qui a fini par me conseiller d'en parler directement à la première dame.
JE LA VOIS LA SEMAINE PROCHAINE, JE LUI EN PARLERAI.
EUH... MERCI !
incroyable collection de street art
C'est la première fois que je la vois en vrai depuis la campagne présidentielle.
ICI C'EST LE SALON DES FOUGÈRES...
LÀ-BAS VOUS AVEZ LA BIBLIOTHÈQUE...
TOUT EST CLASSÉ, ÉVIDEMMENT.
ON VIT ET ON TRAVAILLE DANS UN MOMENT HISTORIQUE.
MMM
TENEZ, ASSEYEZ-VOUS.
Pierre-Olivier COSTA le directeur de cabinet de Madame MACRON
je fais mine d'être impressionné même si je suis déjà venu ici plusieurs fois dans d'autres circonstances

Assez rapidement on arrive au motif de ma venue. En entendant parler de RACINE, BRIGITTE se met à vibrer.
AH RACINE... VOUS SAVEZ QU'IL RÊVAIT EN ALEXANDRINS ?
AH BON ? NON JE...
elle se met à déclamer du RACINE (une tirade de BÉRÉNICE, je crois)
IL FAUT VRAIMENT UN TALENT EXCEPTIONNEL POUR ÉCRIRE DES VERS COMME CEUX-LÀ...
j'ai apporté un classeur avec les premières pages de ma BD...
Apparemment, elle connaît le sujet par cœur.
MOLIÈRE ET CORNEILLE ÉTAIENT D'IMMENSES AUTEURS MAIS RACINE EST AU-DESSUS.
OUI, OUI.
ON DIRAIT QUE J'AI TAPÉ DANS LE MILLE !
elle parle beaucoup et regarde dans les yeux (comme une prof)
J'en arrive à parler de la période "historiographe" de RACINE et je pose la question qui tue :
LA QUESTION QUE JE ME POSE C'EST "POURQUOI ?"
?
POURQUOI, ALORS QU'IL AVAIT TOUT CE QU'UN ARTISTE PEUT RÊVER D'AVOIR (C'EST-À-DIRE LE SUCCÈS ET LA LIBERTÉ), POURQUOI RENONCE-T-IL AU THÉÂTRE POUR ÉCRIRE L'HISTOIRE DU ROI DURANT LE RESTE DE SA VIE ?
IL NE POUVAIT PAS FAIRE AUTREMENT...
POUR UN HOMME DE CETTE ÉPOQUE-LÀ LE ROI C'EST SACRÉ.
LE ROI C'EST LE CORPS. L'INCARNATION DU POUVOIR DE DROIT DIVIN.
c'est assez déstabilisant ce regard
IL NE POUVAIT PAS DIRE NON.
OK.

* secrétaire général de l'Élysée.

Je saisis l'occasion pour demander à Brigitte si elle pourrait parler à son mari de mon projet sur RACINE et m'arranger un rendez-vous.
EMMANUEL ADORE L'ART. IL AIME BEAUCOUP LES ARTISTES.
MÊME S'IL EST CREVÉ, IL NE MANQUERA POUR RIEN AU MONDE UN SPECTACLE OU UNE EXPOSITION...
ET TOUJOURS AVANT DE SE COUCHER IL VA LIRE UN PEU DE POÉSIE OU UN ESSAI DE PHILOSOPHIE
OU FAIRE DU PIANO...
BON, JE VAIS LUI EN PARLER.
MERCI.
MAIS JE VOUS PRÉVIENS, JE NE L'INFLUENCE PAS.
NON NON.
BIEN SÛR.
PARCE QUE SI JAMAIS JE L'INFLUENCE ET QUE ÇA SE RÉVÈLE UNE MAUVAISE IDÉE, IL SE RETOURNERA VERS MOI POUR M'ENGUEULER.
ON PEUT FAIRE DEUX OU TROIS PHOTOCOPIES DE VOS PAGES ?
QUELQUE CHOSE DE REPRÉSENTATIF DE VOTRE TRAVAIL POUR QUE JE PUISSE LUI MONTRER...
BIEN SÛR.
VOYONS...
VOYONS, VOYONS... FAUT PAS QUE JE LUI MONTRE N'IMPORTE QUOI...
CELLE-LÀ, C'ÉTAIT LE DÉBAT FACE À MARINE LE PEN.
LÀ, ON VOIT VOTRE MARI DANS LES LOGES APRÈS LE DÉBAT...
AH, LES SUCE-BOULES ! ÇA M'AGACE !
Elle part avec pour faire des photocopies...
ALEA JACTA EST.
Puis revient.
VOILÀ. DONC JE VAIS LUI EN PARLER.
ET ON VERRA...
MERCI BEAUCOUP.
Je ne sais pas ce que Brigitte MACRON a dit à son mari mais quelques jours plus tard, sur INSTAGRAM, je tombe sur cette photo trop bizarre...
mes pages
ELLE LE FRAPPE AVEC... MAIS !!? MAIS ! CE SONT MES PAGES !!!

Je veux bien croire que Brigitte MACRON n'influence pas son mari mais, bizarrement, peu de temps après mon rendez-vous avec elle, je reçois une invitation pour accompagner un déplacement officiel du président à MAYOTTE et LA RÉUNION.
RÉPUBLIQUE FRANÇ
l'entrée du président
l'entrée de la délégation
Le message stipule bien que je suis "INVITÉ du PRÉSIDENT".
HUM.
le pavillon d'honneur à ORLY
Ça signifie que je fais partie de la délégation officielle.
LE CANARD ENCHAÎNÉ
L'EXPRESS
BIENVENUE À BORD, MONSIEUR. VOTRE PLACE SE TROUVE À L'AVANT DE L'APPAREIL, DE CE CÔTÉ.
EUH... MERCI

Me voilà donc parti pour passer quatre jours à suivre le président dans l'océan Indien.
IL FAUDRA QUE JE TROUVE LE BON MOMENT POUR LUI PARLER DE RACINE. VOIR COMMENT IL RÉAGIT...
je suis dans une période GAME OF THRONES
ÇA VA BIEN ?
BONJOUR MONSIEUR LE PRÉSIDENT.
Les Deux corps du Roi
Avant le décollage il prend le temps de dire un mot à chacun des membres de la délégation.
AH TIENS, LE VOILÀ, JUSTEMENT.
VOUS ALLEZ VOIR, LES ÎLES GLORIEUSES ÇA VA ÊTRE SUPER.
HA HA
petit blouson cintré, mode
équipe de scientifiques spécialisés dans les questions liées au climat et à l'environnement
BONJOUR MATHIEU, VOUS ALLEZ BIEN ?
TRÈS BIEN, ET VOUS ?
C'EST LE MOMENT DE TROUVER UN TRUC INTÉRESSANT À DIRE...
?
MERCI POUR L'INVITATION.
chaussures
chaussettes
J'AI LU CE QUE VOUS AVEZ FAIT.
AH BON ?
C'EST MARRANT.
AH.
il serre la main super longtemps
BONJOUR, ÇA VA BIEN ?
"MARRANT"
QU'EST-CE QU'IL A VOULU DIRE PAR LÀ ?
Aux petites heures du matin, une hôtesse réveille mon voisin.
MONSIEUR LE PRÉSIDENT VOUS INVITE À VENIR PRENDRE LE PETIT DÉJEUNER AVEC LUI.
AH ! EUH, OUI.
HEIN ?
Les Deux corps du Roi
HUM.
député européen
HAN, LA CHANCE.
Vers la salle de réunion
AH C'EST COMME ÇA QUE ÇA MARCHE...
"LES DEUX CORPS DU ROI" de Ernst KANTOROWICZ. J'ai lu quelque part que c'était un des livres de chevet d'Emmanuel MACRON.

Le déplacement commence par l'île de MAYOTTE sur le thème de la lutte contre la précarité et l'immigration clandestine.
UMMÉKOU FAMÉ OUPAN !!
Emmanuel MACRON scande quelques formules en MAORAIS
OUÉÉÉ !
L'ÉDUCATION C'EST LA SÉCURITÉ !!
on dirait DAENERYS TARGARIAN galvanisant les foules dans GAME OF THRONES.
PURÉE, JE SUE COMME UN COCHON.
J'ai rarement vu un accueil aussi enthousiaste.
BIENVENUE MONSIEUR LE PRÉSIDENT MACRON !
BONJOUR ! MERCI !
après, il va serrer les mains de TOUS les gens qui sont là-haut
Pour ne pas dire hystérique.
YAHOUUU !!!
une heure plus tard il a fini par tomber la chemise
J'AI EU MON SELFIE AVEC LE PRÉSIDENT !!!
elle pousse littéralement des hurlements de joie
Pour autant, les habitués de ce genre de déplacements ne semblent pas de cet avis.
OH LALA, C'EST PAS TERRIBLE.
NON.
T'AS VU LA DIFFÉRENCE AVEC HOLLANDE ?
?
ILS ÉTAIENT TROIS FOIS PLUS NOMBREUX.
on mange un sandwich avec les officiers de sécurité et les journalistes accrédités sur la terrasse de la mairie de MAMOUDZOU
Après le déjeuner, Emmanuel MACRON a prévu de partir visiter un bidonville de MAYOTTE pour aller à la rencontre des habitants et parler sécurité.
PAS TOI, MATHIEU. TOI, TU VAS DIRECTEMENT SUR L'ÎLE GRANDE GLORIEUSE AVEC NOUS.
AH BON ?
officier de sécurité
Manon travaille au Service de presse de l'Élysée

Entre sa visite à MAYOTTE et à LA RÉUNION, le président a en effet prévu de faire une visite officielle sur l'île GRANDE GLORIEUSE, territoire français perdu au milieu du canal du MOZAMBIQUE.
MAYOTTE Grande Terre
MACRON y est encore pour la journée
ÇA VA ÊTRE LA PREMIÈRE FOIS QU'UN PRÉSIDENT DE LA RÉPUBLIQUE SE REND SUR GRANDE GLORIEUSE...
AH OUI ?...
KRRRRRR
François-Xavier LAUCH, chef de cabinet du président
MAYOTTE Petite Terre (aéroport)
la navette qui relie les deux îles de MAYOTTE
Pour s'y rendre, il faut partir en avion de l'aéroport de MAYOTTE.
QUAND VOUS SEREZ SUR L'ÎLE, FAITES BIEN ATTENTION OÙ VOUS MARCHEZ...
on poireaute dans ce hangar militaire surchauffé (50°C)
L'île est totalement vierge et seuls des avions militaires peuvent y atterrir.
...NE RESTEZ JAMAIS SEULS.
SURTOUT EN DEHORS DE LA ZONE DE VIE.
sergent instructeur légionnaire
la navigatrice Isabelle AUTISSIER
ÇA RIGOLE PAS.
Le président n'arrivera que demain mais une partie de la délégation part en avance pour y passer la nuit.
C'EST L'AVENTURE...
parmi eux, l'équipe de scientifiques spécialistes des questions environnementales, venus exprès de la métropole (comme dans TINTIN)
Apparemment, tout le monde se réjouit d'aller sur cette île mystérieuse.
Mayotte
VRRRRRRRRRR
ÇA VA LUI FAIRE DU BIEN, UN PEU DE BIODIV', AU PRÉSIDENT.
C'est Isabelle AUTISSIER qui parle
l'îlot TROMELIN où avaient été "oubliés" une centaine d'esclaves au XVIIIe siècle

L'homme ne s'y est jamais établi et l'île est une réserve inestimable de biodiversité.
VRRRRRR
DANS QUOI EST-CE QUE JE ME SUIS ENCORE FOURRÉ ?...
point culminant : 12 mètres
7 Km²
Aujourd'hui, un détachement d'une douzaine de légionnaires, relevés tous les 45 jours, assure la présence française sur ce petit bout de territoire.
VRRRR
l'avion CASA repart
...ET APRÈS LA DÉAMBULATION, ON FERA LA DISCUSSION AVEC LES SCIENTIFIQUES SOUS LA PAILLOTE, LÀ-BAS.
OUI
COUPÉS DU MONDE...
Coucher de soleil dingue
pendant ce temps, toujours "focus" François-Xavier LAUCH tente de mettre au point avec la préfète la visite officielle du lendemain
même jusqu'ici la mer rejette des déchets plastiques
LE PARADIS...
Des baraquements temporaires et entièrement démontables constituent la seule trace d'occupation.
AH OUI... ÇA A L'AIR SPARTIATE.
réservoir d'eau douce
générateur électrique
Le soir, on a droit à un dîner avec les légionnaires.
...ET SI L'UN DE VOUS SE BLESSE OU TOMBE MALADE, COMMENT VOUS FAITES ?
VAUT MIEUX ÉVITER.
SINON, AU PIRE, ON A UNE INFIRMERIE.
GLOUPS.

Le lendemain, les scientifiques préparent leurs éléments de langage avant l'arrivée du président.
QUI EST-CE QUI LUI PARLE ?
MOI JE VEUX BIEN...
IL FAUT QU'ON L'AMÈNE À SE PRONONCER EN FAVEUR D'UN CLASSEMENT DE LA ZONE.
OUI.
la préfète a mis sa tenue (et elle commence à stresser)
... ET APRÈS ON LUI MONTRE LA PHOTO DE L'ÎLE GLORIEUSE PRISE PAR THOMAS PESQUET.
OK.
TAAF
ALORS ?
RIEN.
F.-X. LAUCH est déçu, il s'est levé super tôt pour trouver une tortue de mer à montrer au président, mais il a fait chou blanc (elles ne sont pas motivées ;•)
Une heure plus tard, l'avion CASA du président arrive, avec à son bord un pool de journalistes embarqués.
VRRRRRRR
JE SUIS OBLIGÉ DE RESTER LÀ ?
OUI, OUI, VOUS FAITES PARTIE DE LA DÉLÉGATION.
les légionnaires (en plein soleil)
la délégation (couverte de sueur)
À peine arrivé, MACRON part faire un tour sur la plage avec les scientifiques.
LÀ, VOUS ACCOMPAGNEZ LE PRÉSIDENT ET VOUS MARCHEZ LE LONG DE LA PLAGE POUR LUI EXPLIQUER LES ENJEUX CLIMATIQUES, TOUT ÇA.
MOI AUSSI ?
il a sorti les RAY-BAN
OUI OUI.
D'ici quelques minutes, ces images vont faire le tour du monde.
J'ESPÈRE QUE JE NE SERAI PAS SUR LES PHOTOS...

* Nom des îles dont fait partie l'archipel des îles GLORIEUSES.

Mercredi 23 octobre 2019, 18 heures.

À peine le temps de se sécher, MACRON file prononcer le discours de clôture d'un forum pour l'investissement à la RÉUNION.
...CHERS AMIS, JE SUIS TRÈS HEUREUX DE VOUS RETROUVER...
ministres invités (M. PÉNICAUD, B. LE MAIRE)
ÇA FAIT PLUSIEURS SECONDES QUE L'AIDE DE CAMP DU PRÉSIDENT A POSÉ LA MALLETTE CONTENANT LES CODES NUCLÉAIRES ET DISCUTE SANS Y FAIRE ATTENTION...
aide de camp du président
responsable "réseaux sociaux" du président
adjointe du conseiller diplomatique du président
Il enchaîne avec un bain de foule/séance de selfies...
il est par là
JE ME DEMANDE CE QUI SE PASSERAIT SI JE PARTAIS EN COURANT AVEC...
je vous rassure: je ne l'ai pas fait
...avant d'aller dîner à la PRÉFECTURE avec des chefs d'ÉTAT voisins et des chefs d'entreprises réunionnais.
CE SOIR, IL A DÛ SERRER PLUS DE TROIS CENTS MAINS MAIS, TU VOIS, LE TROIS CENT ET UNIÈME IL VA QUAND MÊME LUI DONNER LE SENTIMENT QU'IL EST UNIQUE...
HUM
Le soir, depuis le balcon de ma chambre d'hôtel, je peux sentir l'odeur des lacrymogènes et entendre le son des sirènes de police qui envahissent le ciel de SAINT-DENIS.
la préfecture (c'est là que dort MACRON)
TIOU UU UU

Le lendemain, je rejoins la préfecture où Emmanuel MACRON est attendu pour un échange avec des citoyens tirés au sort et triés par groupes (ils ont droit à trois questions par groupe).
QUAND EST-CE QUE L'ÉTAT PRENDRA DES ENGAGEMENTS POUR FAVORISER LA CONCURRENCE ?
ET LA PRÉFÉRENCE NATIONALE ?
POUVOIR SE RECONVERTIR À TOUT ÂGE...
MOI JE SUIS GILET JAUNE ET...
D. GUILLAUME ministre de l'Agriculture
Il prend le temps de répondre à chaque question.
VOUS AVEZ TOTALEMENT RAISON...
Jean-Baptiste DJEBBARI, secrétaire d'État chargé des transports
Puis il décore une dame de la région qui a œuvré pour la défense des femmes battues.
IL EST TRÈS BON.
OUI.
membres de la délégation
Après un déjeuner avec une cinquantaine d'élus, tout le monde fonce aux voitures...
...IL A UNE INCROYABLE CAPACITÉ DE RÉALIGNEMENT.
OUI
Pour une raison que j'ignore notre minibus est hyper flashy. On dirait un van de rappeurs bling-bling...
Cette fois, le cortège prend soin d'éviter les blocages routiers et les Gilets jaunes...
TU AS VU HIER SOIR ?
IL ARRIVE, IL A CE TRUC POUR REMETTRE L'ÉGLISE AU MILIEU DU VILLAGE, C'EST IMPRESSIONNANT.
OUI.
ILS SONT TOUS FANS DE LUI DANS CETTE ÉQUIPE, MA PAROLE...
À SAVANNAH, MACRON décide d'aller parler avec des riverains et tente par tous les moyens de convaincre un manifestant énervé.
VOUS ÊTES PRÉSIDENT, EST-CE QUE VOUS TROUVEZ QUE C'EST NORMAL QU'ON MANIFESTE !?
OUI, MAIS...
POURQUOI ?! VOUS VOUS ÊTES POSÉ LA QUESTION ?
BIENVENUE À SAVANNAH, MONSIEUR LE PRÉSIDENT !
elle, elle est contente
Puis il file faire un échange avec des travailleurs en réinsertion, suivi d'un point presse.
L'AVENIR DE LA RÉUNION PASSE PAR LE TRAVAIL !
LA CLEF, ELLE EST DANS LE CŒUR DES RÉUNIONNAIS !
La Réunion
derrière ils hochent la tête pour montrer qu'ils sont d'accord
Avant de revenir à SAINT-DENIS (en évitant les Gilets jaunes).
LA FAÇON DONT IL A UTILISÉ L'ÉNERGIE, L'ÉMOTION DES GENS POUR LES INSCRIRE DANS SON RÉCIT PERSONNEL, C'ÉTAIT INCROYABLE...
OUI !
MATHIEU, CE SOIR ON DÎNERA AVEC LE PRÉSIDENT DANS UN RESTAURANT QUI S'APPELLE LE REFLET DES ÎLES. ON SE RETROUVE LÀ-BAS À 21 HEURES.
OK.

Le plateau a été installé exprès dans les jardins de la préfecture.

Pourtant, Emmanuel MACRON a l'air plutôt détendu.
MONSIEUR LE PRÉFET, TOUT VA BIEN ?
OUI, LA SITUATION EST FIGÉE.
BON.
il a tombé la cravate
"FIGÉ", C'EST UN MOT PRUDENT.
Dominique PERBEN
Le préfet, en revanche, a l'air au bout de sa vie.
TOUT EST AFFECTIF, ici.
JE NE VOUS LE FAIS PAS DIRE, MONSIEUR LE PRÉSIDENT.
Emmanuel MACRON revient sur l'interview qu'il vient de donner à la télé réunionnaise.
SUR LE VOILE, J'AI APAISÉ TOUT À L'HEURE.
OUI.
ENTRE LES QUESTIONS SUR LES REQUINS ET CELLES SUR LES LITCHIS, ILS M'ONT POSÉ UNE QUESTION SUR LE VOILE...
PUTAIN, TU ME FAIS PENSER, JE ME SUIS ENGAGÉ SUR LES LITCHIS !
ALORS, QU'EST-CE QU'ON FAIT ?
LE PROBLÈME, C'EST LA MOUCHE...
?
Annick GIRARDIN ministre des OUTRE-MER
ELLE ENTRE DANS LE LITCHI ET ELLE VOYAGE AVEC.
Sensation très étrange que d'assister à ces échanges privés où le président peut tutoyer ses interlocuteurs et pousser des jurons...
...C'EST UNE MOUCHE ASIATIQUE QUI POND DANS LES LITCHIS RÉUNIONNAIS.
il note des trucs
le directeur de cabinet d'Annick GIRARDIN
IL Y A PEUT-ÊTRE MOYEN DE METTRE EN PLACE UN CYCLE FROID POUR TUER LE TRUC, MAIS ON SAIT PAS TROP...
il a une liasse avec toutes les notes qu'il a prises au long de la journée
Sans se préoccuper de son image publique.
...ET ALORS CE CHASSEUR ME DIT : "VOUS SAVEZ, M'SIEU L'PRÉSIDENT, TOUS LES PROBLÈMES ÇA VIENT DE LA SOUFFLETTE !"*
HA HA HA !
HA HA.
il fait des imitations
* L'éthylotest.

* Ou des VIOLENCES POLICIÈRES, ou des reniements en matière d'écologie, ou de la politique migratoire (RAYEZ les MENTIONS INUTILES).

VOUS VOULEZ PAS QU'ON L'APPELLE MAINTENANT ?
EUH...
LÀ ?
OUI.
MERDE.
QU'EST-CE QUE JE POURRAIS TROUVER COMME EXCUSE ?...
C'EST-À-DIRE QU'IL N'EST PAS TROP DU SOIR... ICI IL EST 23 H. ET MÊME AVEC LE DÉCALAGE HORAIRE JE...
AH BON ?
ALLEEEZ, IL N'EST PAS SI TARD.
VOUS CROYEZ ?
MAIS OUI !
Je fais quelques pas pour aller m'isoler sur la terrasse.
ALLÔ GÉRARD ?

17 novembre 1695, église SAINT-MÉDARD, PARIS.
Les dernières années de la vie de JEAN RACINE ne sont pas très marrantes.
DONG
DONG
DONG
Aujourd'hui il enterre son ancien maître Pierre NICOLE, mais en peu de temps sont partis aussi Jean de LA FONTAINE et pas mal d'autres intimes de PORT-ROYAL (Claude LANCELOT, Antoine ARNAULD, etc.)
TIENS MON GARS.
MERCI MONSEIGNEUR.
en plus, les guerres à répétition et les pluies diluviennes des années précédentes ont provoqué la mort d'un dixième de la population du pays (1,5 million de morts)
Obnubilé par les honneurs, RACINE s'endette à mort pour acquérir une charge de SECRÉTAIRE du CABINET du ROI (55 000 Livres qu'il doit payer au trésor !) dont le seul intérêt est qu'il pourra la transmettre à Jean-Baptiste, son fils aîné.
UN JOUR VOUS ME REMERCIEREZ, MON FILS.
MAMMA MIA COMMENT JE VAIS REMBOURSER ÇA, MOI ?
EUH... BIEN PÈRE.
Richelieu
Descartes
Le maréchal de Luxembourg
il lui interdit d'aller au théâtre et de lire des romans
Il fait redessiner les armoiries imaginées par son papy, un RAT et un CYGNE (mais il prend soin de faire enlever le rat).
"RAT-CYGNE" VOUS L'AVEZ ?
C'EST PLUS CLASSE QUAND MÊME...

À force de patience et d'habileté, RACINE a aussi obtenu un nouveau logement à VERSAILLES, encore plus près des appartements du roi (trop bien) !
MONSIEUR RACINE, LE ROI VOUS DEMANDE.
Moi ? EUH... OUI ! TOUT DE SUITE.
Harlay de CHAMPVALLON, l'archevêque de PARIS qui avait juré la destruction de PORT-ROYAL des CHAMPS, est mort lui aussi, et RACINE se dit qu'il est peut-être temps de tenter quelque chose pour venir en aide à ses amis.
HUM... ET SINON, SIRE, JE ME DEMANDAIS...
OUI, QUOI ?
AÏE !
PROUÂT
57 ans
DON QUICHOTTE de CERVANTÈS
Louis XIV est cloué au lit à cause d'un ANTHRAX ÉRÉSIPÉLATEUX qu'il a dans le cou (un furoncle géant, quoi) + crise de goutte.
Mais il ne s'y prend pas bien.
À PROPOS DE PORT-ROYAL...
QUOI, PORT-ROYAL !?!
EUH, NON, NON, RIEN.
RÉSULTAT : RACINE est soupçonné de sympathie pour le mouvement JANSÉNISTE.
PURÉE, POURQUOI JE LUI AI PARLÉ DE ÇA !?
QUEL DÉBILE !
il sent venir la disgrâce

La disgrâce ne viendra finalement pas, mais tous ces soucis ont raison de sa santé et RACINE commence à se sentir très fatigué.

maux de ventre, coliques, etc.

Après ça, il meurt (probablement d'un cancer de l'estomac dû à la nourriture trop riche qu'il a avalée pendant toutes ces années à VERSAILLES).

RACINE a spécifiquement demandé à être enterré au pied de Jean HAMON, un de ses anciens maîtres.
C'EST ICI.
VAS-Y COMMENCE À CREUSER.
cimetière des domestiques
Mais c'est tout un bazar parce que la tombe de HAMON est coincée entre deux piliers et qu'il n'y a pas la place.
ON N'A QU'À EN FAIRE, DE LA PLACE.
BING
Du coup, les fossoyeurs sortent les restes de HAMON et les installent dans le même cercueil à côté du corps de RACINE.
MINCE, LA TÊTE DE HAMON S'EST DÉTACHÉE !
BON, C'EST PAS GRAVE, ON VA LA METTRE AILLEURS.
c'est un peu trash
Quoi qu'il en soit, dix ans plus tard, le roi finira par faire raser tout le site et les restes de RACINE seront transférés à PARIS, à SAINT-ÉTIENNE-du-MONT.
VOUS TROUVEREZ UNE PLAQUE QUI EN TÉMOIGNE SUR LE PILIER GAUCHE AU FOND DE L'ÉGLISE, JUSTE À CÔTÉ DES RESTES DE PASCAL (PILIER DROIT).
le lycée Henri IV est juste là
le PANTHÉON, de ce côté

Mais les malheurs de RACINE post-mortem ne s'arrêtent pas là car il s'avère que Jean-Baptiste VALINCOUR, son successeur, était un peu étourdi et foireux sur les bords.
ARRGH ! JE SAVAIS QUE J'AURAIS DÛ ÉTEINDRE LES BOUGIES AVANT DE SORTIR !
l'hôtel particulier de VALINCOUR à SAINT-CLOUD
TOI !! COURS DANS LES FLAMMES ET RAPPORTE-MOI LE MANUSCRIT ET LES NOTES DE JEAN RACINE SUR L'HISTOIRE DE LOUIS XIV !!!
MAIS, JE...
FILE, TE DIS-JE ! VINGT LOUIS POUR TOI SI TU Y VAS CÉANS !
un Savoyard qui passait par là
Le Savoyard court dans les flammes.

EH BIEN ? QU'EST-CE QU'IL FABRIQUE CE DRÔLE ?
IL EN MET UN TEMPS...
Soudain le Savoyard sort des flammes, les bras chargés de feuillets...
LA GAZETTE DE FRANCE !!? MAIS QU'EST-CE QU'ON S'EN FOUT !?!
TU NE SAIS DONC POINT LIRE !?
HÉLAS, NON, MESSIRE...
CHUIS DÉSOLÉ...
Et c'est ainsi que LA GLORIEUSE HISTOIRE de LOUIS XIV par Jean RACINE partit en fumée (22 ans de boulot quand même)...
...

Plus tard, à PARIS.
HA HA ! ET IL N'EN RESTE VRAIMENT RIEN ?
RIEN. À PART "L'ÉLOGE HISTORIQUE DU ROI SUR SES CONQUÊTES DE 1678" COMMANDÉ PAR LA MONTESPAN ET QUELQUES BRIBES DE NOTES, TOUT EST PARTI EN FUMÉE.
FÉMINICIDES DÉCOMPTEURAZERO
La base
HOTEL
ON VA DIRE QUE C'EST MIEUX COMME ÇA.
C'ÉTAIT PEUT-ÊTRE PAS SI TERRIBLE APRÈS TOUT.
OUAIS.
avec Noé DEBRÉ, on a commencé à écrire un nouveau projet de film
ÇA LAISSE DE LA PLACE À L'IMAGINATION...
ON VA DIRE ÇA.
MM.
J'AIME BIEN L'IDÉE QUE SEUL SON THÉÂTRE AIT SURVÉCU.
POUR UNE FOIS, LA FICTION EST PLUS FORTE QUE LA VIE.
HA HA, EXACTEMENT.
ET, AU FAIT, ÇA A DONNÉ QUOI LE COUP DE FIL AVEC DEPARDIEU À LA RÉUNION ?
HOULÀ !
J'AI PRIS MÉGA-CHER.
RACONTE.
AU DÉBUT IL M'A DIT QU'IL ÉTAIT FATIGUÉ, QU'IL ÉTAIT SUR UN TOURNAGE EN ALBANIE ET QUE ÇA NE LUI DISAIT RIEN DE PARLER À MACRON...
AH !
SAUF QUE C'ÉTAIT UN PEU COMPLIQUÉ PARCE QUE MACRON ÉTAIT À CÔTÉ DE MOI.

AU BOUT D'UN MOMENT IL A FINI PAR ACCEPTER QUE JE LUI PASSE MACRON...
OH ? ET ÇA S'EST PASSÉ COMMENT ?
JE SAIS PAS.
MACRON S'EST ÉLOIGNÉ ET J'ENTENDAIS PAS CE QU'ILS SE DISAIENT...
MAIS QUAND IL EST REVENU IL AVAIT L'AIR CONTENT.
C'EST APRÈS QUE ÇA S'EST CORSÉ. EN RENTRANT À MON HÔTEL UNE HEURE APRÈS, J'AI REÇU UN APPEL DE GÉRARD.
AÏE.
IL ÉTAIT TRÈS AGACÉ ET M'A DIT DE NE JAMAIS LUI REFAIRE CE GENRE DE PLAN. QUE SI J'AVAIS ENVIE DE LÉCHER DES CULS C'ÉTAIT MON AFFAIRE MAIS LUI N'AVAIT RIEN À VOIR AVEC ÇA.
LE TOUT DIT SUR UN TON TRÈS FROID.
JE ME DEMANDE SI JE N'AURAIS PAS PRÉFÉRÉ QU'IL ME CRIE DESSUS.
C'ÉTAIT PAS UN MOMENT TRÈS AGRÉABLE.
J'IMAGINE.
MAIS IL AVAIT RAISON.
D'AILLEURS, C'EST DÉCIDÉ.
CETTE FOIS, J'ARRÊTE LA POLITIQUE.
ENFIN NORMALEMENT.
HAHA !
Pchhht
Avec Noé on travaille sur un nouveau projet d'écriture pour le cinéma. Ça va s'appeler FAKE NEWS !

Épilogue

le bâtiment des PETITES ÉCOLES
DOMAINE DES GRANGES DE PORT-ROYAL DES CHAMPS
les ruines de l'abbaye sont de ce côté
Elle avait raison, Brigitte.
Buste de Jean RACINE

En effet, on ressent quelque chose de spécial quand on visite cet endroit.
Une présence.
CLIC
masque mortuaire de PASCAL
Histoire Abrégée PORT-ROYAL
... une "atmosphère particulière".
oratoire édifié en 1891 sur les ruines de l'abbaye d'origine (tout le reste a été rasé)

Port-Royal des Champs
le 27 juin 2020

« Dans cent ans, le monde subsistera encore en son entier : ce sera le même théâtre et les mêmes décorations, ce ne seront plus les mêmes acteurs. Tout ce qui se réjouit sur une grâce reçue, ou ce qui s'attriste et se désespère sur un refus, tous auront disparu de dessus la scène ; il s'avance déjà sur le théâtre d'autres hommes qui vont jouer dans une même pièce les mêmes rôles, ils s'évanouiront à leur tour, et ceux qui ne sont pas encore, un jour ne seront plus : de nouveaux acteurs ont pris leur place ? quel fond à faire sur un personnage de comédie ! »
in LES CARACTÈRES de Jean de LA BRUYÈRE (un copain de RACINE)
j'ai piqué la citation dans ce livre
chez Robert LAFFONT
Jean-Michel Delacomptée
La Bruyère
portrait de nous-même

REMERCIEMENTS

Merci à Grégoire Biseau et à Libération
qui m'ont lancé dans le suivi de la campagne présidentielle de 2017.

Merci à Nathalie Schuck, Élizabeth Pineau, Hélène Fouquet,
Laurence Peuron et François-Xavier Bourmaud pour leur aide.

Merci à François Hollande.
Merci à Brigitte et Emmanuel Macron.

Merci à Gaspard Gantzer, Sylvain Fort, Joseph Zimet, Pierre-Olivier Costa
ainsi qu'aux membres du service presse de l'Élysée.

J'adresse également mes remerciements à :
Nathalie Mercier, Jean-Michel Delacomptée, Jean-Marc Dumontet, Noé Debré,
Jean-Baptiste Soufron, Philippe Moreau-Chevrolet, Déborah Münzer,
Selen Daver, Soazig de la Moissonnière, Paul Larrouturou et Guillaume Mautalent,
Éric Fottorino, François Vey et toute l'équipe de Zadig,
Florence Martin-Kessler, Sonia Desprez, India Bouquerel
et toute l'équipe de Live Magazine,
Stéphane Parthenay, Robin Boespflug et toute l'équipe de Pyramide Production,
David Grumbach, Philippe Lux et toute l'équipe de Bac Films.

Merci Karina et les filles, bien entendu.

Mes regrets à Lewis Trondheim pour ne pas avoir conservé son idée de titre.

Merci à Pauline Mermet pour son soutien et sa confiance
ainsi qu'à Élise et au studio Dargaud.

Les premières pages de ce livre ont été publiées
sous une forme différente dans Libération en avril et mai 2017.

Certaines pages de ce livre ont été publiées sous une forme légèrement différente
dans la revue Zadig entre janvier 2019 et juin 2020.

© Soazig de la Moissonnière

PREMIÈRE ÉDITION

Imprimé sur un papier issu de forêts gérées durablement.
Dépôt légal : octobre 2020 · ISBN 978-2205-08105-3
Imprimé et relié en septembre 2020 par Stige - 110 via Pescarito, 10099 San Mauro Torinese - Italie.
www.dargaud.com